おっさんFIRE

小嶌大介
Daisuke Kojima

大洋図書

はじめに

[redacted]

「おっさんＦＩＲＥ」とは？

この本のタイトルがなぜ『おっさんＦＩＲＥ』になったのか。

『おっさんＦＩＲＥ』では、経済的自由を手にして早期リタイヤする＝ＦＩＲＥ(Financially Independence, Retire Early) と、燃える＝ＦＩＲＥをかけているわけですが、僕はまだ燃え尽きてない、くすぶっているおっさんに向けて「もう一度、燃えよう！」とエールを送りたいんです。「おまえは燃えたのか？　燃えることがあるのか？」と問いかけたい。

この本は、不動産投資本のカテゴリに入れたくないんです。小難しい内容よりも、「おっさんＦＩＲＥ」という語呂で脳みそに響いてほしいと考えています。

世の中はおっさんとおばはんばかり。若者に比べて中高年のほうが人口グラフを見ても多いんです。そんなゾロゾロいるおっさんとおばはんの多くはくすぶっているけれど、団扇《うちわ》でパタパタ扇げば、また火がつく……多少は火種も残っているはずです。

だっておっさんって、おばはんもだけど、「もうこのくらいでええやろ？」と分かったつもりになっている人がほとんどやと思うんですね。社会の表も裏も知って、子どもはある程度まで育ってきて、年収も「もう上がらんやろな……」と先を見通しているもんです。

お金持ち＝悪というイメージもあるかもしれません。みんなお金のことが好きやのに、「お金の話をする人間はよくない！」っていう教育があるやないですか。あんなのおかしいと思いません？

本書を手に取った人は恐らく、足りるか足りないかというよりは、「今のままじゃ嫌だ！」みたいなのはあると思います。だけど、世の中の大半の人は「今のままでいい」ってあきらめているから、行動を起こしている人が少ないんやと思います。30代の頃まではあった、あの燃える気持ちはとうに枯れていませんか。

上司とかを見ていれば出世もこれくらいだろうし、年収もここまでだろうという人生が見えてきます。燃えてないおっさんに囲まれてるおっさんは、やっぱり燃えへんかなと思う。早い人ならそれが30代で分かるし、40代、50代ともなれば、いやが上にももう先が見えてくる状況です。

サラリーマンという職業が燃えないから悪いわけじゃないんですよ。自営業者でも「こんなもんやろ」と高を括っているおっさんたちがいます。職業に関係なく、おばはんも含めて、「こんなもんやろ」と分かったつもりになっている人たち。そんな人たちに向けて「もう一度、燃え上がろう！」「あんたら可燃物ですよ！」というメッセージを送りたいです。

僕自身もボーボー燃えて、燃え尽きました。

僕のことをもうちょっと詳しく話すなら、元々しがない会社員デザイナーで、毎日朝から深夜まで必死で働いても、もらえる給料はめちゃ少なかったです。35歳で子どもが3人いて手取り27万円。デザインの仕事は大好きやったけど、生活は本当にしんどかったです。

そんな僕は、元手50万円で不動産投資をはじめ2年半でＦＩＲＥします。

僕の人生の動き方も破天荒というか、ある程度のルールとか枠は押さえながらも自由に生きてきて、社会に入って、その自由がどんどん押しつぶされて、ぎゅうぎゅうして辛くなったときに不動産が登場して、全然別の世界に飛び込んだら、居心地がよかった。かつ、現実にお金が手に入り、人生を取り戻し、自分の自由を取り戻し、おっさんとして燃えました。

そういうことを読者に伝えて、自分のものにしてほしい。一緒に燃えてほしい。

本書では、僕は〝煽って燃やす役〟です。

はじめに

この本では、お金持ちになったおっさん、おばはんがどんなふうにして燃えたのか、そのきっかけを知ることができます。成功した人たちが、決して「すごい人」ではないっていう事実をお伝えしたいです。

何度も言いますが、成功する不動産投資のテクニックがきっちり書かれたノウハウ本ではありませんので、そういう本が読みたい人は別の本を買ってください。

『キングダム』の李信は「人の本質は〝火〟だ」と言いました。どんな意味かはよく分かりませんが、僕もそう思うし、とにかく火をつけたい。

あなたがもしくすぶっているなら、もしも、あんたら、おっさんおばはんとして、もう一度燃えたいんやったら、「こっちおいで」と伝えたいです。

あなたはどんな おっさん・おばはんですか？

YES ←　　　NO ←

自分の人生がこれからもずっと幸せであると願いますか？

自分の大切なものを守れる術を持ちたいですか？

金銭的自由と時間的自由が欲しいですか？

毎月寝てる間に通帳にお金が振り込まれるようになりたいですか？

あなたはお金が好きですか？

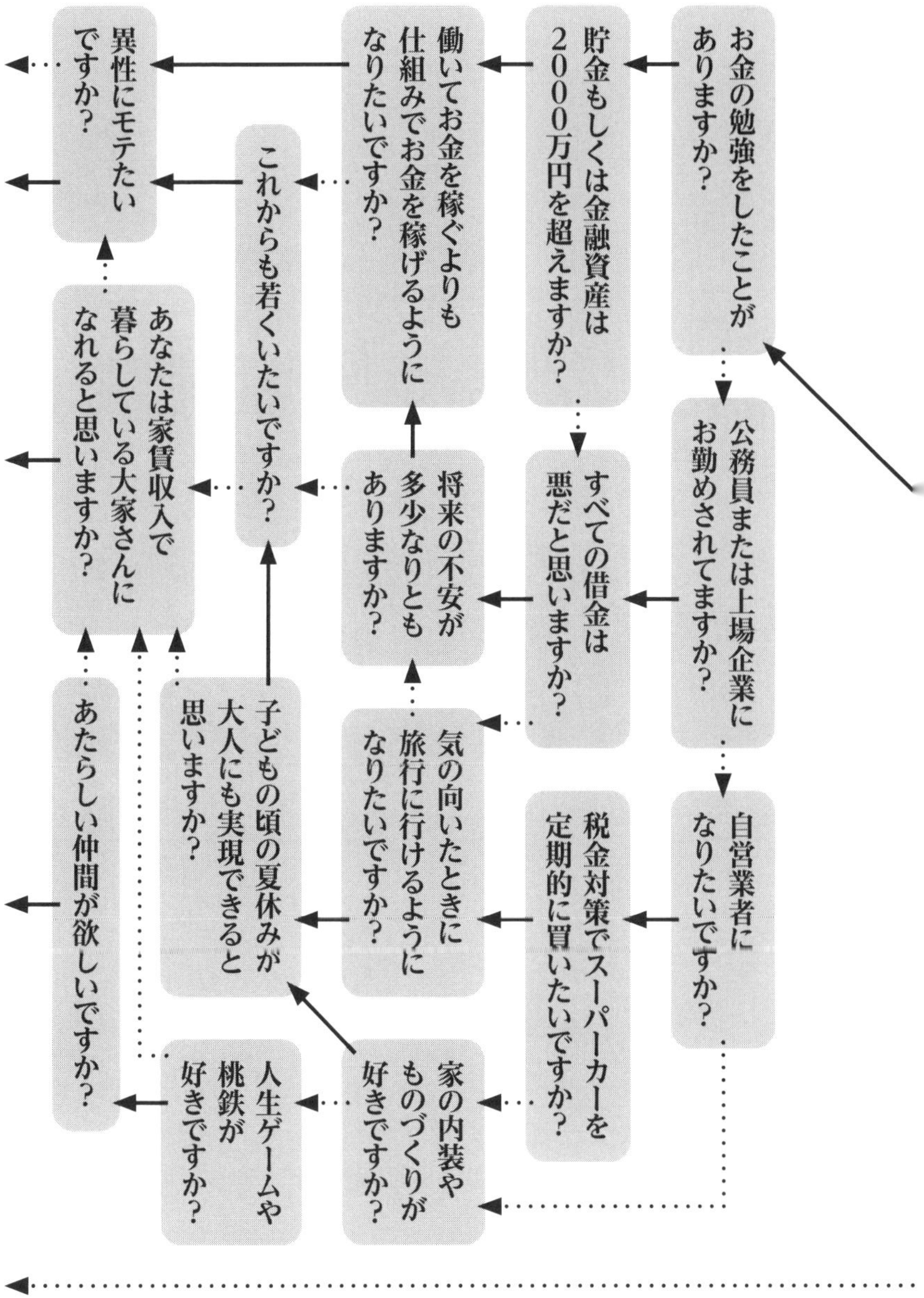
お金の勉強をしたことがありますか？
公務員または上場企業にお勤めされてますか？
自営業者になりたいですか？
貯金もしくは金融資産は2000万円を超えますか？
すべての借金は悪だと思いますか？
税金対策でスーパーカーを定期的に買いたいですか？
働いてお金を稼ぐよりも仕組みでお金を稼げるようになりたいですか？
将来の不安が多少なりともありますか？
気の向いたときに旅行に行けるようになりたいですか？
家の内装やものづくりが好きですか？
これからも若くいたいですか？
子どもの頃の夏休みが大人にも実現できると思いますか？
人生ゲームや桃鉄が好きですか？
異性にモテたいですか？
あなたは家賃収入で暮らしている大家さんになれると思いますか？
あたらしい仲間が欲しいですか？

あなたは資産家になれます。信じますか？

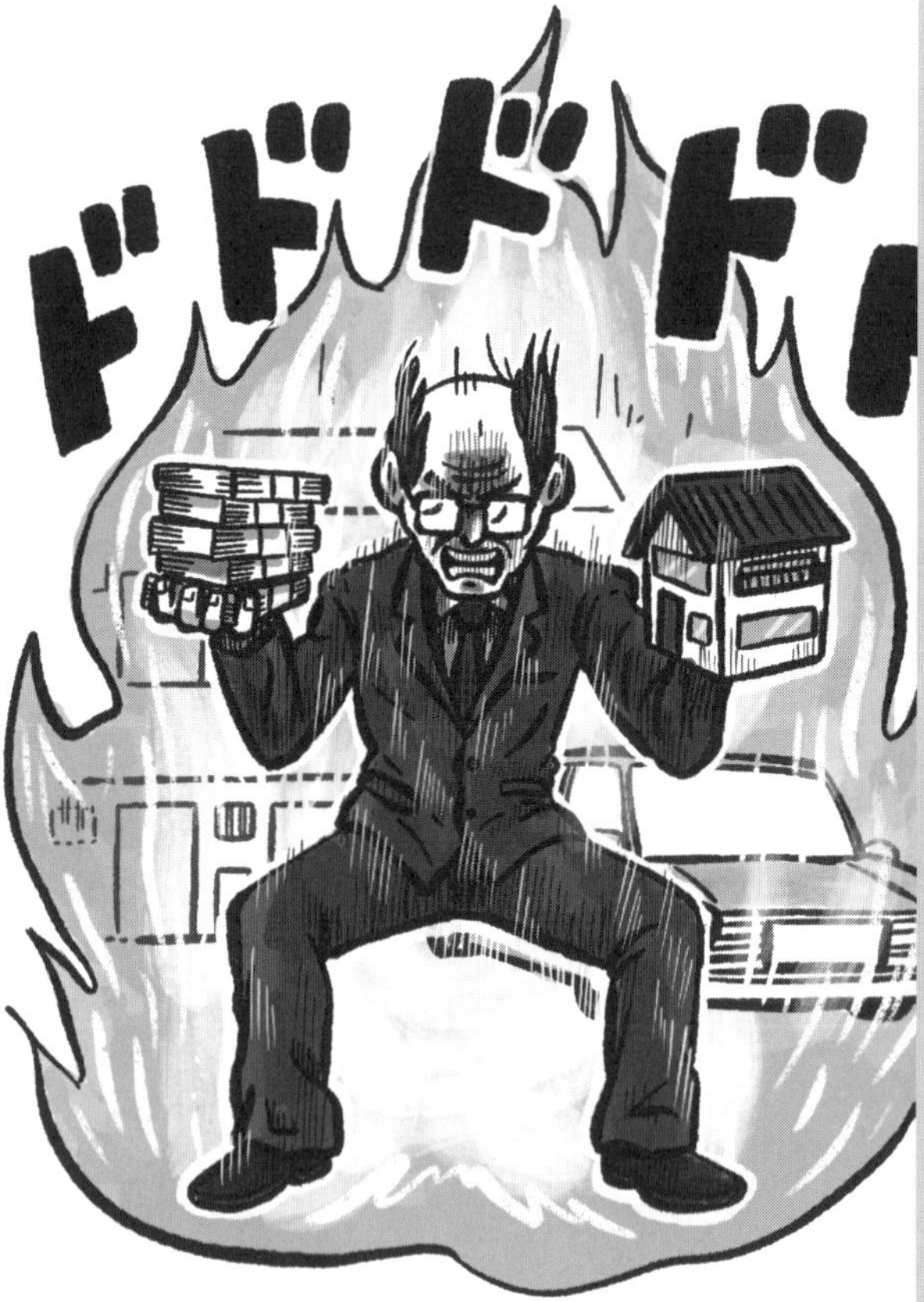

この本はあなたには必要ないのでメルカリか古本屋に出してください

第1章

なぜ僕は燃えることができたのか

年収300万円
副業貧乏の底なし沼から
億万長者になるまで

不動産投資のはじめの一歩
誰でもできる家の買い方、貸し方、稼ぎ方

第2章
初級編

中級編

第3章

不動産投資で夢を叶える方法

自分のスタンスと属性を知ってどんどん増やす

上級編

第4章

おっさんFIRE 成功者たちの実例

独自の投資術で 人生を変えた それぞれの道

FILE.1 お茶さん

ボロ戸建て再生100戸 世の中の空き家をゼロに

FILE.2 白服大家 神谷太郎左衛門さん

〝用務員のおじさん〟が たった6年でFIRE

FILE.3 全空大家さん

副業投資が本業に逆転!? 高属性サラリーマンの投資術

FILE.4 Kゆうこさん

専業主婦のヘソクリが毎月180万円の家賃収入に

FILE.5 555大家 中田さん

自己資金35万円から賃収1億円を達成！

FILE.6 脇太さん

「融資は断られてからがスタート」エリート営業マンの投資哲学とは

第1章

なぜ僕は燃えることができたのか

年収300万円
副業貧乏の底なし沼から
億万長者になるまで

僕もイケてないおっさんでした

僕は子どもの頃から変わり者でした。

先生が「右向け右！」と号令をかけたら、僕は左を向いてしまうんです。

母親の自転車の後ろに乗せてもらって、「あんた危ないから絶対に飛び降りたらあかんで！」と口を酸っぱくして注意されればされるほど、「飛び降りやなあかん」と自分に言い聞かせてしまい、飛び降りて膝小僧がズルむけになっていました。

自営業の親父からは常に「人と一緒になったらあかん」と言われてきました。

ケンカで負けたら晩ご飯を食べさせてもらえなくて、小学2年生にして、プラスチックのカラーバットで友達の家のガラスを割りに行きました。割れたガラスの向こうは家族団らんのちゃぶ台で、みんな顔面蒼白になってました。もちろん、親からめっちゃ怒られました。

大学生のときは、環状線の電車の中でケイドロ（関東では「ドロケイ」って言うんですか？）やったりしました。それこそ本物に見える手錠を、捕まえたやつの手にはめて電車に乗ったり。人に迷惑はかけないけれど、周りがビックリするようなことが好きやったんです。

学校の教室をピカピカにワックスがけしたこともあります。当時、よく窓ガラスを割られたりして校内が荒れていたんです。でも、たまにはビビらしたろうと不良を集めて「一緒にやるぞ！」ってキレイにするんです。そうすると先生たちが感動するんです。

いつもと同じ方法じゃない一風変わったことをする、それを仕掛けるのが好きでした。

そんな破天荒に育った僕も、そのうちイケてないおっさんになっていくんです。

幼い頃から絵を描くのが好きで芸大に進みますが、それこそ中学、高校時代から「個性的やな」「センスあるで」と褒められてきたやつらが集合してくるやないですか。ほんなら就職率なんて5％もないんですよ。そもそも就職しようとしてる学生がいないんです。デザインや建築は商業的な学科だけど、それ以外はモニュメントつくったり絵画やったりと食べていけない系で、わけの分からん人ばっかりでした。

そんなことばっかりやっていて、「個性だ！　個性だ！」と気炎を上げていたけれど、いざ社会に出てデザイン事務所で広告をつくろうとすると、コンプライアンスとかタレントとの関係性とかしがらみがめっちゃある中で、その商品の売り方を考えなくてはいけない。つまり、がんじがらめなんですね。

そのがんじがらめの中で、「これ、買ってください！」と言うんじゃなくて、「これをどうやって買わそうか？」と考えるしかない。たとえば水を売るのなら、とにかく「水が欲しくなる状況をつくらなあかん！」というものの考え方をひたすらしていたんです。世の中のいろんな雑誌や写真集を見て、ものの考え方を世界中から集めたんです。

その際には、みんなと同じ目線で見るのが前提なんです。まずはエンドユーザーの目線で見たうえで、白紙に戻さないとダメやったんです。それが難しかったです。

それだけいろんなことを考えて、こんなに働いてんのにもかかわらず、27歳で年収が300万円台前半。

「クリエイティブの仕事って言うけど、全然クリエイティブちゃうやんけ！　なんやこれ？なんなん？　このガチガチの枠！」っていうのが本音です。

自分でつくった世界でこそ、自分が活きる

自由奔放に生きてきたのに、社会に入ったらガッチガチ。しかも稼げないし時間もない。やってられんと。そういう中でもがき苦しんだ末に、副業をはじめました。

当時の大阪は街中でイラン人がシルバーアクセサリーを売ってたり、似顔絵屋がいたり、阿倍野や天王寺でコブクロが歌ってたりと、混沌としながらもエネルギッシュでした。

僕は20代半ばで、バンドができるわけでもなく男前でもない。それなら「どつかれ屋をしよう！」となりました。

歌舞伎町に殴られ屋さんというのがおったんです。路上で捕まえたお客さんに殴らせて、お金をもらうんです。それをテレビで見て「これや！」と思い、翌日にその人に会いに行きました。許可を得てやり方を教えてもらって、道頓堀の戎橋ではじめました。

僕は学生時代からプロとしてキックボクシングをやってたけど、ファイトマネーは少ないしチャンピオンになりたいなんて一度も思わなかった。競技の世界やったら三流やけど、ストリートの世界なら十分に通用するんですね。自分でこしらえた世界のほうが、やっぱり自分が活きるんですよ。

早い話がエンターテインメントであればなんでもいい。人がつくった土俵でナンバーワンになるよりも、三流でもいいからみんなが楽しんでくれることを覚えたんです。

家庭を大事にしたら現実が見えてきた

その頃、僕には家族ができました。

嫁は関東の人でちょっとステレオタイプ。結婚式も親戚を大勢呼んでするし、専業主婦志向。

なぜ、そういう人を嫁にしたのかといえば、ある程度の常識を押さえたうえで破天荒というのが一番楽しいと考えていたんです。押さえるところを押さえないと本当に世捨て人になってしまう。デザイナーになったのもそうですが、なぜ芸術家になろう、絵を描いて生きていこうとならなかったのか。やっぱり中途半端なんです。押さえるべきところは押さえておきたい。だけど破天荒な人間にも憧れるから、そっちも片足突っ込んでおいたほうがいいなって。

ただ、仕事はノルマもあるし拘束時間もある。それで給料をもらっている。収入が決まっている中で嫁は「新築の家が欲しい！」って言うんです。

結婚をしてからはどつかれ屋も、同じく副業でやっていた「取り立て屋」もやめました。仕事一本に絞って家庭を大事にしていたら息抜きがなくなりました。

家に帰れないくらいの激務が続く中、嫁さんは家探しをはじめました。最初は新築が欲しいと言ってたけど、さすがに新築は諦めて中古の家を一生懸命探してくれました。

買ったのは決して高くない中古のマンションでしたが、年収も低いのに一丁前に家を買ってしまって、苦しくなって……。

そんなときにファイナンシャルプランナーへ相談に行きました。そしたら、自分の道筋が全部見えてしまったんです。『おっさんＦＩＲＥ』でいう、「僕の人生こんなもんだな」と現実が見えて諦めた瞬間が、33歳の自分にも訪れました。

「車は何年おきに買い替えますか？」の質問に「5年おきです」と答えました。さらに続いて「その車の値段はいくらですか？」「子どもは大卒にしますか？　それとも高卒でいいですか？」の問いかけに答えていくと、お金がチーンチーンって引かれていくんです。「ご実家の資産はどのくらいありますか？」と、親の預金まで聞かれるから「うわ〜嫌やな」って暗い

32歳、ファイナンシャルプランナーから、残酷な現実が突きつけられました

気持ちになりました。

結局、年収５００万円やったら、僕が40代前半になる頃には赤字になっていく。ファイナンシャルプランナーの計画では、どんなに節約をしても小遣い２万円が限界という現実が見えました。

帰りのエレベーターの壁にどんどんって頭をぶつけて、「もうあかん、もうあかんぞ。どうしたらええんやろ？」と茫然自失《ぼうぜんじしつ》になってました。

それでもずっと仕事をしなきゃいけなくて、家にも帰れなくて、子どもができてマイホームもあるのに、そこに自分がいない。だんだん選択肢が少なくなっていくんです。

当時の手取りは23万円で、独身時代は気兼ねなく吸ってたタバコも、結婚して貧乏になってからピタッとやめました。

せどりをしたり、フリーマーケットに行って少しでも高く売れそうなものを売って、小遣いを捻出することばっかり考えてました。ただし時間がないんです。仕事が終わるのが夜中の2時。朝起きるのが9時だから、急いで寝ても5時間くらいの睡眠で何もすることができません。

当時の嫁は、子どもが小さいうちは一緒にいることを優先しました。「それがこの子らの人生にとって一番大事」と言ってました。それは絶対的に正しいし、今もそう思っています。最悪、親にお金を借りられるし、モヤシとうどんだけでも食いつなげられるから。

だから嫁に働いてくれとは言えませんでした。振り返れば、〝痩せ我慢の時代〟なんですよ。

それでわずかな時間の中からやりくりしてネットビジネスや投資をしたり、セミナーに参加したり、情報商材を買ってみたりもしました。けれど、何ひとつうまくいきませんでした。そんな迷走期間が3年くらい続きました。

不動産投資なら「できる！」と思った

不動産が他の投資に比べて明確に違うと思ったのは、あるブログを見てからです。50万円のゴミ屋敷を再生する2人のおっさんのブログでした。

興味が湧いて、「僕に手伝わせてください！」と会いに行きました。そこで、再建築不可

（建て替えのできない家）というものがあり、ゴミ屋敷には価値がないことを知ったんです。モノ自体は価値があるのに、古くなったから「汚い」『ダサい」という評価です。「いや、これなんとかなるやろ。気合いで乗り切れるやろ！」と思いました。だって50万円の家が手に入るかどうかだけの問題ですから。天井までゴミが積もっていても、時間をかけて捨てていけば、お金をかけずに再生できる。「新幹線や車に乗れないなら、歩いて大阪から東京に行こう！」くらいの気持ちだったんです。頑張って歩いたら、いつか着くだろうと。

僕はリフォーム費用の見積りすら見たことがなかったです。とにかくゴミを捨てて、掃除して、キレイになったら物理的になんとかなるだろうと。壁の板が割れてるとか、床が落ちてるとか、天井に穴が開いてるとかやったら、そりゃ大工さんに直してもらわないといけません。内装とか仕上げ、給湯器が壊れてるとかはどうしようもできへんけど、僕はデザイナーをやってたから、「ダサい部屋をどうしたらオシャレに見せられるか？」に価値を感じて、その絵が描けたんです。「ペンキ塗ったらええだけやん！」って思って、実際にそれで全部いけました。

他の事業は積み重ねが必要なんです。アフィリエイトやったら、Googleで上のほうに表示されるための努力をする。株もFXも勉強しやなダメなんですが、不動産は物理的なものやから、「勉強なしでいけるわ！」って思ったんです。

「これ、なんとかなるな！」という、根拠のない自信。だけど、それってめっちゃ大事なことやと思うんです。

たった1日の手伝いで一気に自分のビジョンが見えました。「これを見本にして学びなさい」と教えてくれる相手に対して、「そんなもん1日で全然いけるわ！」って思ってしまった。まだやってもいないのにボロ家再生に関しては「これで勝てる！　僕よりうまいやつはいない！　日本一になれる！」と、不動産一本に絞りました。

〝大家の会〟の人たちが考えていること

そのおっさんたちからは「君は面白いけど、しゃべってばっかりで仕事にならんからもう来るな」と言われ、その代わり「ここに行ったらいい」と〝大家の会〟を紹介されました。

そこは一代で立ち上げた大家たちの集まりでした。自分の名刺と、買おうと思っている物件のチラシを持って行きました。

僕は「ボロくてダサい家でも、ペンキを塗ったら再生できる！」ってことだけで頭の中がいっぱいだったのに、他の人たちは「3億円分、融資を受けて不動産を買うぞ！」と意気込んでいました。

それで「ごめんなさい、意味が分からないんですが」と聞いてみたら、「たとえ借金をいっぱいして事業に失敗しても、その物件を取られるだけやから買わな損やねん！」と教えてもらい、「こんなこと考えてる人がおるんや！」と驚きました。

当時みんなまだサラリーマンで、リタイヤしている人は主宰者だけ。ほとんどの人が戸建てを1、2戸から5戸くらい持っている程度。1人だけマンションを何棟か持っていました。

そんな状況で、みんな「サラリーマン辞める！」というビジョンのもと、人生設計を組み立てていたわけです。「どの金融機関を使って、どうやって物件を手に入れて」と、まるで人生ゲームのすごろくみたいにどうやって上がるのかをノートに書いていました。

それを見て「僕も会社を辞められるまで頑張ろう。この人らがいけるんやったら僕も絶対にいけるわ！」って確信しました。その自信は「絶対、戸建てに関しては負けない！」って分かっていたから。理由は、みんなちゃんと直しすぎやったから。

おっさんたちが50万円の家を直してるのを見て、「こんな丁寧な直し方で商売が成り立つの？」って驚きました。今振り返っても、めっちゃちゃんと直してるんです。僕の中ではゴミ屋敷を価値あるものに再生するのに、そんなにお金をかけなくても、見せ方でできる自信があったんです。

そこからはもう不動産に全振りで行動に移して、とにかく自分の50万円の家を見つけようと、めっちゃ探しました。でも全然見つからへんかったです。リフォーム費用も必要やと思って、結局買ったのは70万円の戸建てです。

僕のなけなしの貯金が50万円、嫁さんに借りた50万円と、母親に借りた50万円。その150万円で最初の物件を買って、今の僕があるんです。

副業で月に2万円を稼ぐのって難しい

35歳から不動産投資をはじめて、2年半で家賃収入が会社の月給を超えました。額面75万円で手残り58万円くらいになったので、サラリーマンを辞めて、そこから十何年経って億万長者になりました。今は、手残りは3割くらいですが家賃収入だけで言うと1億円を超えています。

僕がせどりをはじめとした副業をやっていたのは、会社の収入だけでは金銭的に苦しかったからです。「いつか独立して会社を辞めよう！」なんて大それたことは考えてもいませんでした。給料プラスαで、2万円でも3万円でも小遣いがあればよかった。当時の僕にすれば月に2万円を稼ぐのって、ほんまにムズかったんです。

せどりでコロコロコミックが倍の金額で売れたときは、パチンコで勝ったくらい嬉しかったんです。でも、他は売れないから在庫が溜まっていく。お金になるって素晴らしいけど、なんでこんなにムズいのか。

最初は自由に使えるお小遣い欲しさで副業をやっていたけれど、不動産投資に出会って、「もう会社を辞めるとこまでいけるな！」というのが見えました。不動産投資なら給料プラスαではないんです。後になって、不動産投資はストックビジネス（継続的に利益を得られるビジネスモデル）であることが分かりました。

大家の会にいたのはおっさんだけじゃありません。当時の僕より若いまだ20代の人たちが、しっかりと人生設計を組み立てていました。そんなにかけ離れた人じゃないことが分かったので、別世界とは思わず僕もここに行けると思ったわけです。そこからはアクセル踏んで、一気に2年半で脱サラしました。

それが「みんなにもできるよ！」と伝えたいんです。

「できる！」と確信するために人に会う

どうやったら「できる！」と思えるのか、ここがミソなんですが、実際にやってる人たちと会わなダメなんです。

それまで、どんなに本を読もうが、セミナーに行こうが、僕とは違う世界に感じていたんです。しかし、僕より何かで劣っている人が、僕よりも稼いでるとなれば、「あれ？　こいつでいけるんやったら僕も絶対いけるやん！」と思える。そういう機会がないと「できる！」という確信までいけないんです。実際のところを知れば、自分でもできると理解できる。そうやって人は変われるんです。

その世界があることを知れば自分の価値観が覆《くつがえ》る。それを生で見なきゃダメだってことを言いたいです。そして、この本では「僕らが大したことない」ことを分からせます。

何も難しいことをしてない、ほんまに大したことない人たちなんです。大したことある部分はあるけど、みなさんが培ってきたものだって大したもの。一般のサラリーマンと比べて、そんなにすごい人らだけが伸びてるわけじゃないんですよ。

僕が「これできる！」と言うてたのは物理の話だけであって、ファイナンスのこと知らんし、安く物件が買えるパイプも何もなかったんです。やったこともないのに、ただ「同じ材料を出されたらできる」という自信だけです。それでも、その勘違いだけでいけたんです。じゃあ何が大事かって、「こいつ、大したことないぞ！」って思うことなんです。ちょっと無知ゆえに舐めてるみたいなね。

僕も学生時代から社会人になる前は、「おっさん、おばはんなんて余裕で勝てるわ！」と思ってたのに、いざ社会に出たら「みんなめっちゃ頑張ってる！」と分かって、よくトイレで泣いてたんです。なんなん？　この大人の世界、めっちゃらキツいやん。

ヘンな話ですが、おっさん、おばはんになったらもう舐めてないんです。自分の伸びしろがもうないと思っているから、逆に萎縮してはるでしょう。だから「もう一度バカになって自分の知らん世界に飛び込んでこいや！　舐めた気分でかかってこい！」と言いたいです。

そもそも不動産投資、ストックビジネスで複利とか言っている人たちというのは積み重ねやから。特別な個性、特別な身体能力、特別な頭脳、特別な人脈はなくても参戦できる。なぜなら、すでに世の中には仕組みがあるから。すでにある、その仕組みに便乗するだけでいいから。

不動産ってもとからずっとあるものやないですか。それでわけの分からん物件を買えへんかったら換金できるやないですか。

その「わけの分からん物件ってなんや？」といえば、それは「パッケージ商品」みたいな不動産です。誰かが仕入れて誰かが仕上げたできあいもんには、その誰かの利益がたっぷり乗せられています。一部の悪徳不動産屋があかんパッケージ商品をつくるけど、そのあかん商品を買わなければいいだけ。そのためには知識や相談できる仲間が必要だけど、それは難しい話ではありません。

銀行は低金利でお金を貸してくれます。不動産投資は銀行の金利との差益、ただの利益の先取りです。

お金と時間と幸せの関係

「自分なんて、どうせこんなものだろう」と諦めて、くすぶっていたおっさんとおばはんが、実は不動産投資が大したことはないことを知って、人生をもう一度ボーボー燃え上がらせてほしい。

ど素人だって気にせずに、自分の知らん世界に、舐めた気分で飛び込んできたらええやん。別に億万長者にならんでも大丈夫、小金持ちで十分です。

不動産投資は自分で自分の収入を決められます。借金をどのくらいにするかも選べるから、まずは、自分の行動に対価がちゃんと得られる喜びを味わってほしいです。

なにより、不動産投資はとても楽しいです。どうか楽しみながら、その先にある時間と金の自由を手に入れてください。

ここで、ちょっと現実の話をしますね。

どこぞの偉い人が、残念で世知辛い現実を見せてくれるデータがあります。独身男性の平均寿命は60代。なんで早死にかというと、幸福度が低いかららしいです。

20代の楽しい人生から現実味のある30代、昔だったら初老と言われる40代になると、だんだんと明暗が分かれてくる……気づいたら60代で独りぼっち。頼れる親戚も友達もいない。そしてお金もない。そうなると生きる気力も切れてしまうのでしょうか。死んでしまうのです。とても切なくてしんどい話です。

じゃあ、逆にお金と時間がたっぷりあれば、想像できうる贅沢も自己実現もすべてできて「幸せで最高！」ってなるのでしょうか？

たった今、お金も時間も少ない人ほど、「お金があれば安泰だ」って思うかもしれません。しかし、大金を持っているからといって、人よりたくさん幸せってわけではないのです。その喜びは一過性で、せいぜい数年楽しめば飽きてしまうもの。どんな素晴らしい特別な体験でも、何度も体験してしまえば、それは特別ではなくて日常です。感動は薄れてしまいます。

じゃあ、これから不動産投資で頑張ってお金を稼いでも意味がないのか？　いやいや、そんなことはありません！

「お金があること＝幸せ」ではないけれど、問題や困りごとの8割はお金で解決できます。そして、自分の家族をはじめ、大事にしている人のためにお金や時間を使えば、〝与える側〟〝守る側〟に立つことができる。言い換えれば、「自分自身の幸福感を与えてくれる人や物事にお金と時間を費やす」ことができます。そのマインドが自分の幸福度に大きく関係します。

つまり、大切な人と愛を守るためには、お金と時間をたくさん使うのが幸せへの近道なんです。長く続く幸福感をもたらしてくれます。

普段はケチでも、この時だけはコスパ度外視みたいな。子どもが望む将来の夢を応援できる、親の介護でお金の心配をしなくていい、夫婦の暮らし方に選択肢を持てる。これらはお金の力です。

大事な人を愛するため守るために使うと、お金は生きてくるってことを知っていてほしいです。

第2章

初級編

不動産投資のはじめの一歩

誰でもできる
家の
買い方
貸し方
稼ぎ方

最低限の勉強は必要です

不動産投資をはじめるにあたってガリ勉する必要はないですが、最低限知っておくべき知識というのはあります。

それを独学で身につけるのは危険だと思います。僕がはじめたときは情報が少なかったので、そんなに迷わなかったんですけど、今は情報が溢れすぎている。

もちろん、独学で成功した人もいないわけではありません。ネットの情報とか本を読むだけで自分でやってしまう人もいます。たまたま良心的なところを見つけられればラッキーですが、たまたま行ったのが悪徳業者だったら地獄に落とされます。たとえば僕の本を読んで僕のところへ行けばいいのかといえば、それも違います。とんでもないお金持ちの人が僕のところに来て、「さらに学ぶ必要があるか?」みたいな話もあるわけです。

自分にとって正しい情報を選ぶというのは、知識のない初心者からするとかなり難しい話です。運の要素が強くなるのでリスキーということです。

本を買う人は入口から能動的に動いています。インターネットだと流れてきた話に乗っかっているところはあるかもしれないですね。今の若い世代には「ほとんどYouTubeだけで勉強しています」っていう人も登場しています。ただ、体系的に学ぶ必要があるジャンルだと思うので、ネットの散漫な情報より、網羅的にまとまっている本で学んだほうが圧倒的に理解しやすいです。

本を買う人、読む人は、単純に本を買えるだけのお金を持っていて、本が読める程度の頭の良さがあり、自然と勉強する人たちという属性が該当します。たとえ僕のように本嫌いでも、必要なところだけは頑張って読むし、なんとか理解しようとする。

だから、この本を手に取っていただいた時点で成功までの第一関門を突破です。絶対とは言い切れませんが、成功する可能性が非常に高いです。

不動産投資とは〝大家さん〟になること

まず「不動産投資とは何か」というところから説明します。

どのようにして利益が出るビジネスなのか。それは部屋を貸すこと。言うたら、現物資産のレンタル事業です。難しい言葉はいろいろあるけど、それに尽きます。

衣食住は欠かせないもので、それこそ本は買わなくても生きていけるけど、家に住まないと生きていけない。生きるのに必要なものです。

世の中には自分の家を持っている人もいれば、持っていない人もいっぱいいるわけだから、借りなきゃいけない。住所がなければ就職もできなかったり、福祉とかそういういろんなものを受けられなかったり、社会的にも生きにくい。

今はスマホ持っていない人というのはなかなかいないと思うんですけど、それと同じくらい住む家がない人は少ないから、市場としてはめちゃめちゃでかいです。

不動産投資って大家さん業で、家を貸す側として、その市場の中に入るということ。ちょっと難しく言うと不動産賃貸業です。

大家さんの仕組みは、大家さんと入居者がいて「この部屋貸しますよ」「毎月いくら払いますよ」って賃貸借契約を結んで、家賃という形でお金が入ってくる。契約さえしてしまえば、毎月黙っていてもお金が入ってくる。

家賃をもらったら、その中から、アパートだったら共用部の光熱費を払ったり、管理会社の管理委託費、あとは固定資産税とか都市計画税。浄化槽があれば浄化槽費、場合によっては町内会費みたいな経費を払ったり、融資を受けてるんだったらローン返済をして、残ったお金が手残り、キャッシュフローになります。それを利益として得るビジネスです。

大家さん業というのは江戸時代からあるような古い商売です。大家さん業に関係するいろんな仕組みが出来上がってるから、物件を買ってしまえば、大家さん業の取りまとめをする管理会社を紹介してもらったらほぼできる。そんな事業は他にないです。

僕、知り合いの訪問介護業者に「訪問介護は簡単やで!」って言われて、「ホンマにできんねんな? 不動産も簡単やから教えるで」って言ってバーターで教え合ったら、そいつは成功して僕は失敗しましたから。

それくらい不動産業はあらゆる仕組みが整っている。入居者を募集する仕組み。入居者が家賃滞納したときにどうなるっていう仕組み。ときには裁判になったり、いろんな手続きがあるけど、それも言ってみればパッケージ化された商品になっている。部屋が壊れたときも緊急駆けつけみたいな仕組みもあれば、リフォーム業者さんもいっぱいいるわけで、それも

大家といえば親も同然、店子は子も同然という古き良き時代もありました

管理会社を通じて丸投げもできるから、とにかく何もしなくていい。

商売したことがない人でもやりやすいのは、目の前のお客さんとの難しい交渉がないんです。「もっと安くしてよ！」「いや、これ、こんだけいいんですよ」というセールスは不動産屋さんがやってくれるから、大家さんは入居者さんと顔を合わすことがない。それがすごく大きいと思うんです。

「パッケージ」では儲からない？

大家さんの仕事は「部屋を貸します」「家賃をもらいます」でお金が生まれるんだけど、僕らにはもともと家がないじゃないですか。「自分が持っている家を貸す」ならともかく、何もないところから家を貸さなきゃいけない。どうするんだ？

前に述べたように不動産にはパッケージ商品があります。初心者は、不動産投資というと広告やセールスで区分マンションを３０００万円とか４０００万円で買って、「あとはこっちで全部やります！」という不動産屋に丸投げするイメージとしてあるかもしれません。それがパッケージ商品です。ただ、この本ではパッケージはオススメしません。「金だけ出せばいいよ！」というのは、もう1から10までのパッケージで、完全に儲からないタイプ。パッケージになると仕入れも高くなって、手残りが少ないんです。すでにお金がたくさんあって、資産運用ぐらいの人ならいいですけど、〝燃えたい〟のであればパッケージではなく、自分の目的に合ったものをつくるべきです。

僕は100万円以下の物件を買ってスタートしたけれど、「そんなのどこに売ってるんだ？」みたいな話になります。それをどうやって買ってはじめるのか、本書で解説していきますが、少なくともローンの支払いがある場合は、家賃収入よりもローンや修繕費が多かったらマイナスだし、利益を得るためには、そこのところをプラスにしなきゃいけません。

不動産投資は商売としては仕組みが揃っているのが利点。場合によっちゃ仕組み化してパッケージで買うこともできるんだけれども、パッケージじゃないほうが有利に運ぶので、その目利きができるようになるため学ぶ必要があるということです。

繰り返しになりますが、不動産投資は本質さえ分かったら誰にでもできます。その「本質ってなんやねん？」というのは、不動産でもパッケージ商品になってないやつを、ちゃんと見ること。パッケージ商品は積立預金くらいの気分でやるんやったらいいけど、それで人生を変えていこうとするなら弱いです。

パッケージ商品は、パッケージ人生とも被ってきます。世の中一般的には、奥さん、子ども2人、車、マイホーム……これがパッケージ。多くの人はそれを目指してるんですが、普通の家庭、かつてのサザエさんのような普通がもう普通じゃなくなってしまっていて、普通がめちゃしんどいんです。

パッケージが手に入らないんやったら、「あんたそれはんまに欲しいわけじゃなかったでしょ。あんたの本当に欲しいもんはなんなの？」というのがカスタマイズやと思うんです。

やっぱり1からつくるというのと、パッケージの両方を知ったほうがいいです。パッケージだけを見て「不動産投資ってほんまに儲かれへんよね」って言うてる人たちが多いけど、それは知らないだけです。

エンジョイ勢とガチ勢

不動産投資への取り組みは、エンジョイ勢とガチ勢で2つに分かれるでしょう。

とりあえず、趣味レベルで中古車1台分くらいの投資をしてみよう、そう考えるのがエンジョイ勢やと思うんです。

エンジョイ勢のやり方は簡単です。利回り20％の物件を5年持ったら次の物件を持ちましょう。これ、うちのおかんがやってるやり方。今3つぐらいまで戸建てが増えたんですけど、うちのおかん84歳です。

この利回り20％の戸建てを増やすやり方だと、税金とかそういうの考えなかったら、5年で2戸目が買えます。ほんならその次は倍になりダブルエンジンになるから、2・5年で次のが入ってくるんです。これ複利って言うんです。これが、次ページのイラストみたいになるんです。

おっさんがどんなに頑張っても、10年後のこれには勝てないですよ。めちゃめちゃ物件が

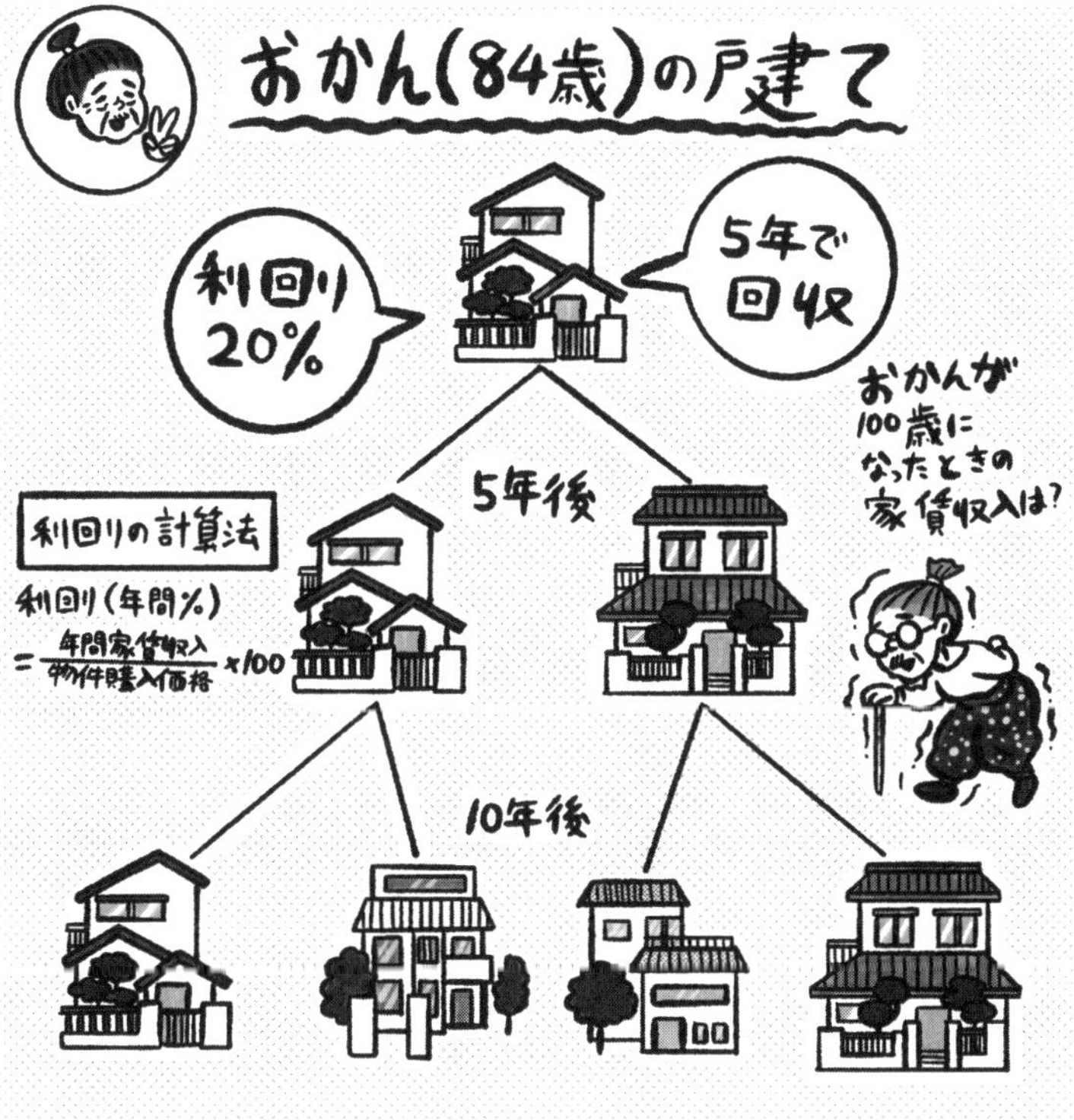

入居者さえいればどんどん増えていくシンプルな仕組み。長生きしましょう

増えるんです。

借入れしないで現金で戸建てを購入。月の家賃収入4万円で年間約50万円。あくまでお小遣い感覚。これで「年間だいたい50円万稼ぐことができるよ」っていうところからスタートする。それがエンジョイ勢です。

不動産投資において、購入にかかるお金、運営にかかるお金、入ってくるお金、それを計算すると利回りになります。利回り20％だったら5年、利回り10％だったら10年で、支払ったお金がすべて戻ってきます。こんなめっちゃ単純な考え方です。

エンジョイ勢が複利の事実を知ってしまうと、ガチ勢になってしまうんです。借入れでレバレッジを効かせていくんです。途中で売却も入れていくのがガチ勢のコンボです。そして、なんでか知らんけどラットレースに入るんです。実はエンジョイ勢のときのほうが楽しかったりするんですけどね。この辺の話は最後のほうでさせてもらいますね。

ガチ勢は、会社員を卒業するレベルの収入を目指します。僕のように月50万円程度で退職する人もいれば、月１００万円の人もいるし、もっともっとたくさん稼ぎたい人もいるでしょう。

いずれにしても、まずはエンジョイ勢として大家さんの仕事を楽しめるかどうか、そこからスタートすることをオススメします。

不動産を手に入れる

家賃収入を得るためには、不動産を手に入れるところからスタートします。手に入れると書きましたが、必ずしも買わなくてもＯＫです。具体的には家賃収入をもらうためには次の方法があります。

・不動産を借りる
・不動産をもらう
・不動産を現金で買う
・不動産を借りた金で買う

自分のお金で買う場合は頑張って貯金するのが王道です。お金のない人ならお金を借りて買います。僕みたいに配偶者や親に頭を下げるなど、身内でなんとかするパターンもあれば、銀行から借りてくるパターンもあります。

自己資金が200万円であれば、100万円ぐらいの戸建てを買うイメージです。なぜ戸建てかというと、その金額ではアパートやマンションは買えないから。リゾートマンションの一室なら買えるかもしれませんが、区分マンションは管理費や修繕積立金などのランニングコストがかかるので、コストのかからない一戸建てが最初の物件としては現実的です。

「家って100万円で買えるの？」って思われるかもしれませんが買えます。入口は普通にマイホームを買うのと同じです。スマホで「アットホーム」とか「ホームズ」とか「スーモ」など不動産情報サイトを検索してください。辺鄙な田舎では安い家が売られています。探すカテゴリを「中古戸建て」のほか、「古家付きの土地」で探してみてもいいかもしれません。

東京の人なら群馬や栃木、茨城あたり、大阪の人なら兵庫や奈良だったり、日帰りできる距離が理想です。実家を拠点にして手の届く範囲でやるのもアリですね。どれだけ田舎であっても、人に貸すことができたら、もう大成功です。

そして、家が手に入ったら最低限は住める状態にしなきゃいけません。そのために必要があれば修繕します。修繕なしでも大丈夫だったら、掃除だけして貸し出せばいいんです。ゴミを捨てて片付けるぐらいで済む物件が理想です。具体的にはリフォーム費用が50万円ぐらいで済むようなやつです。

壁が崩れ落ちていたり屋根がないようなのはダメです。風呂がない、トイレが汲み取り式、キッチンが使えないというのもダメです。素人目で見ても「これならなんとかいけるだろう」っていうような物件を選び、１年かけてでも直します。

人の住む家を手に入れて、家を貸して家賃を得る、それが基本のルールです。「サッカーは11人でボールを蹴ってゴールに入れるゲーム」と同じぐらいシンプルです。

お金がなくても大家さんはできる

自己資金がない人やったら親戚のおばちゃんの家を無料で借りる、１万円くらいで借りて活用する。そうやって所有しないのもアリやないですか。ある程度の年齢になれば相続の話もあるので使ってない親の家が転がり込んでくることもあるでしょう。

買わなくてもOKです。そこから入ることもできます。使ってない別荘や、使ってないおじいちゃんの家、おばあちゃんの家なんて世の中に山ほどあります。とにかく不動産を持て余している人はいっぱいいてるから。

「家が傷むから使っておいてね」と安く貸してもらえる、もしかしたらタダでもらえる可能性もあるので、親や親戚に聞いてみましょう。この場合はとにかく〝ご縁〟が大事です。お金をかけずに大家さんができるなんて最高ですが、場所を選べないのが難点です。

親戚の家や知り合いの家を貸し借りする際に注意事項があります。とあるユーチューバーの話なんですが「自給自足をしたい」っていう夫婦がおって、地主さんと5年借りたら安く売ってもらうと口約束していました。それで、住みながらめちゃめちゃリフォームしてたんですが、最後、地主さんが「やっぱり売らない」って言いだして、家を取られて終わりました。

たとえ仲が良くても、親戚だとしても、賃貸借契約書（家を借りる契約書）や売買契約書（家を買う契約書）はしっかりつくらないとあきません。無料でいいといっても贈与税がかかる可能性を考えて、小額で買うのがベターです。その辺は税理士さんに聞いてください。

いずれにしても不動産に関わっている人間やったら、そんな口約束ほどいい加減なものはないって知ってます。ゴミだらけの空き家には見向きしなくても、借り手がついて家賃収入を生むようになれば、「返してほしい」となるものです。

借りたい人が１人いればいい

どんな田舎でも借りる人がいたら大成功ですが、１００万円ぐらいで家を買うときは、自分が通える場所や馴染みがある場所であることに加えて、やっぱり借り手のいる場所でなければいけません。

借り手がいる――賃貸需要についてどう考えるかといえば、まず基本としては、家やから人に貸す。けど、倉庫としての需要もあります。だから、水回りがしっかりしてないやつは、人が住むっていうふうに思いすぎたらダメなときもあります。

田舎のボロい家を買って、人が住むように貸すだけじゃなくて、たとえば近所の人が「倉庫として使いたい」みたいな話だったり、「事業に使いたい」「法人登記したい」など需要がいろいろあって、場所や場合によっては「お風呂がなくても構わない」っていう人たちもいるので、お金をかけてリフォームする前に、不動産屋さんに「こんな家が手に入りそうなんですけど、需要って何がありますか？」と相談してあらゆる可能性を見ていきます。

不動産屋さんはどこにあるかといえば、「地名＋賃貸不動産」というキーワードで検索して探してください。

賃貸需要が多いに越したことはないですが、1軒の家なら誰か1人でも借りたいという人を見つけたらいいので、とにかくその1人を見つけてください。

どうやって人に貸すのか

貸し方として、大きく分けて「直接貸す」か、「不動産屋さんを通して貸す」の2種類があります。

物件の前に「空室あります」と張り紙してあるのを見たことがありませんか？　これが直接貸すやり方です。チラシをつくって、近所のお店に頼んで置かせてもらってもいいでしょう。ご近所掲示板「ジモティー」で入居者を募ることもできます。これも無料です。もちろん、クチコミでの紹介もあります。

僕は京都に古い純喫茶だった店舗を持っていましたが、ダンボールにマジックで部屋の間取りを描いて「借りたい人、何もリフォームしてないんですけどご相談ください」って、家賃も書かずに僕の電話番号を入れておいたら結構電話がかかってきました。

オーナーと入居者の直接契約は素人がしてもOKで、他人の物件を扱うときに宅建の免許（不動産業の免許）がいります。しっかりと賃貸の契約を結んでくださいね。この契約書の正式名称は「賃貸借契約書」といいますが、ひな形はインターネットでも簡単に手に入ります。

自分で契約するメリットは不動産屋さんに支払う仲介料がいらないこと。デメリットは、面倒が多いということです。

個人で貸す場合は自分がすべて決めなきゃいけないから、「ちょっとこの人、変だけどいいや」と入れてしまうと、後で揉めてしまうことが結構あります。ご近所のゴミ問題みたいなちの明かないトラブルなどは警察もタッチできず「あんたらで勝手にやってください」という世界が広がっていきます。

世の中にはそういう面倒を嫌がって大家業をやりたがらない人は大勢います。たとえば僕の親父もそうです。もう使ってもいない工場を空きっぱなしにしてます。それで僕は「誰かに貸しいや。結構な額でいけるで？」と説得しても、「もうややこしいからイヤやねん」て聞く耳持ちません。

そういう煩わしさ、人と人との交渉になるのが嫌なら不動産屋さんを挟んだほうがいいです。そうするとすべて代理でやってくれます。たとえば「必ず会社に勤めている人に貸してください」「子どもはダメ」「ペットは小型犬2匹までＯＫ」と条件を出しておけば、それに沿って借り手を探してくれます。

いい物件には、やはりいい人が入ります。あかん物件なら、僕は賃貸の不動産屋さんに「犬でも猫でもノミでも、家賃さえ入ればなんでもいい！」って伝えるんです。ペット可だけでも少ないのに、多頭飼いなんてほぼありません。「ペット多頭飼いＯＫ！」だけで、世の中からライバルの物件数が減るんです。

とはいえ多頭飼いＯＫにすると、猫屋敷になってしまうのと紙一重なわけです。だから、リスクは自分の許容の範囲内で判断してください。

面倒な入居者とのやり取りも管理会社や家賃保証会社が行います。頼もしい！

不動産屋が全部やってくれる

不動産屋さんに仲介を頼むと、宅建士による重要事項の説明書や賃貸借契約書、「あなたは反社じゃないですか？」みたいなチェックをするとか、いろいろな書類の確認、家賃保証会社による審査、火災保険や鍵の交換といったことも全部代わりに手続きしてくれます。

副業としてのスタンスやったら、絶対に業者さんを入れたほうが安心です。まず、滞納された家賃を自分で回収するのが、めちゃだるいんです。けど、家賃保証会社が入っていたら、勝手に弁護士を使って対応してくれます。

仲介を頼むときに、先にお金を用意する必要ありません。成果報酬になるから、「10社にお願いします」とお願いして、10社ともちゃんと広告を出してくれますが1社しか決めません。残りの9社はとんだ無駄足になりますが、それもOKなんです。だから仲介を頼む際のリスクはありません。

ただし、ボロい物件だと仲介業者が頑張ってくれない場合もあります。業者からしても魅力がない家。つまり場所が悪い、物件がボロくて入居者が付きにくく、家賃が安い物件だと儲からないからです。

また、近所に不動産屋さんがないような場所だと自分で動かざるを得ません。最寄り駅から車で30分もかかり、「どこでどうやって客付けしてんだ？」という場所があるんです。

そういうとき僕は、近所の定食屋とかに張り紙をしてもらいます。成果報酬で「もしお客さんが付いたら、家賃1カ月分を差し上げますから！」とお願いすれば貼ってくれます。

安く手に入る物件やタダで手に入る物件は、そういう可能性も高いので、やむを得ず自分で貸すしかない場合があります。

礼儀としてお客さんの入居が決まったら、「ごめん、決まったからチラシは剥がしといて。また空いたら頼むね！」と連絡をします。それをせえへんかったら、いつまで経っても募集中になるからです。

とにかく家を手に入れたら入居が決まるまで、あらゆる手を使って頑張りましょう。

家賃滞納で心配することはない

家賃には、先払い・手もらいの文化があります。

たとえば借家だと、来月分の家賃を大家さんへ払いに行くのが基本ルールです。勝手に持って来てくれるか、勝手に振り込まれるかの2択になります。とにかく単純で、家賃は先払いする仕組みになっています。

心配事は家賃滞納ですが、「日本賃貸住宅管理協会」の調査（2023年公表）によると、滞納率は全体で0・8%、首都圏は0・4%だそうです。滞納っていうのもその程度です。家賃保証会社さえ入れておけばOKです。

昔は連帯保証人でしたが、今は家賃保証会社が裁判をしてくれたり、代理でお金払ってくれたりする仕組みが整っています。家賃保証会社をちゃんと通しておけば、外国人や生活保護の人、どんな人であっても一応はOKです。今は個人の大家さんの直接契約でも、家賃保証会社に加入できる仕組みがあります。

かつては「おい、早よ家賃払えや！」と、自分で取り立て屋の怖いヤクザのおっさんを演じなければいけませんでした。一般の人は、そういう怖いおっさんと自分とは違うイメージがあるでしょう。けど、昔はこれが大家さんの仕事のひとつやったんです。

僕が買った初めての貸家

僕は35歳のとき不動産投資をはじめました。貯金が50万円あり、嫁と母親から50万円ずつ借りて合計150万円を手にしました。

その150万円を持って、50平米の長屋を90万円で買いました。なにしろ柱がシロアリに食われて傾いているのをジャッキで上げたほどのボロ屋です。その長屋を父親と一緒に修繕しました。

その間に、半年くらいかけてお金をちょいちょい貯めて、最終的に180万円。この180万円の中には物件価格と、諸費用といって火災保険や、登記するための司法書士さんに払うお金や、不動産屋さんの仲介手数料もあります。あとはリフォームするお金です。

父親と一緒にペンキを塗ったり床を張ったりして、直した長屋を不動産屋さんに持って行き「これ5万9000円で貸したいんですけど」と頼みました。

180万円で買ったものを5万9000円で貸し出したんです。月に5万9000円の家賃をもらい、5年後に母親と嫁さんにお金を返していくわけです。ちなみに固定資産税が年間9500円です。僕の場合はその180万円の中で全部納めています。

不動産投資には買うときにかかるお金と、保有しているときにかかるお金があります。保有してるときにかかるお金が、毎年かかる固定資産税という税金です。アパートだったら共有電気代や、その共有部をお掃除してもらう管理費もあります。戸建ての場合は入居者が玄関まわりを掃いたり、街灯の電気代も入居者が自分で払うから、大家の手はかかりません。

僕の場合は出ていくお金と返ってくるお金で、結果的に利回りが39%になりました。要は「投下したお金を3年以内に回収できる」ということです。ただ、手持ちのお金はすっからかんです。

僕は最初の1軒目で、このくらいの収益物件を手に入れることができたけど、実際はそんなにリスキーなものはやめたほうがいいでしょうね。100人中、100人がやるもんじゃないです。もう少し資金に余裕を持つのがオススメです。

ボロ家にだって価値はつけられる

新築はもう商品になってるから、デパートに売ってる商品です。僕が買ったボロ家は「うんちの詰まったホルモン」くらいのもんです。

けれど「うんちの詰まったホルモン」のうんちを抜いてタレを付けて調理をするのがリフォームなんですよ。ほんで売りに出すことができます。

株やFXやったらお金を寝かすことはできない。不動産は唯一寝かすことができるんです。ほんで一本釣りなんです。みんなが「嫌や！」と言うても、マニアが「このホルモンうまいやん！」って喜んでくれたら勝ちなんです。

つまり、たった1人でも、その部屋を気に入って住んでくれたらOKということです。

仕入れが自由にきくから、パリッとした家を買ったら高いけれど、ゴミみたいな家を買えば安い。そのゴミを料理できるかできないか。だから、あんまりゴミに行きすぎるのは、ちょっとリスクがある。

ゴミの目利き力が必要になります。そうすると本来300万円で売ってる家が100万円で買えたりもします。そこに幅が200万円あり、それを含み益として持つことができる。仕入れを安くすることが、自分の努力でできるってことです。

不動産には定価がない

そもそも仕入れの値段は売りたい値段であり、定価じゃないんです。車やったらエンジンの回転数と年式で相場が決まるやないですか？　家も、駅からの距離や路線価（道路に割り振られた土地の単価。国税庁が決めている）で、その相場が変わります。

これがある程度、不動産が流通していたらいいですが、不便な場所やと相場が分からなくなってくるんです。相手がこれを売って儲けたいのか、それとも安くてもとにかく手放したいのかで全然変わってくるんです。

僕の友達の話ですが、3億円で売ってた物件に指し値（値引き交渉）を入れて、2億円で

安く仕入れ美味しく加工して価値を生み出す。これぞ戸建て賃貸業の極意

買ってるんです。1対1で、相手がOKと納得したら、もうOKなんです。せやから極論を言うと、値段はいくらでもいいんです。だから、元の値段なんて完全に信用せず、自分で値段を付けるんです。これ、たまに当たります。

日本ではあまり値引きの文化がないけど、不動産の業界では根付いています。提示されている値段は、希望小売価格なんですよ。300万円と提示してるけど、「100万円で！」と打診して、相手が「うん」と言えば100万円になります。ネットで見てる価格がすべてじゃないってことを覚えておいてください。

区分マンションは相場がありますが、戸建ては個体差です。「相続したけれどいらない」という物件もあれば、思い入れが強いから安くは売りたくない物件もあります。途方もなく高額な物件もあり幅が広いから、そこに安くなる可能性も秘めているんです。

「自分が住みたい家」じゃなくて全然いい

本によっては「自分が住む気持ちで！」「入居者さんの気持ちを考えて！」みたいなことを

書いてありますが、投資用の不動産を選ぶのは、自分が住みたい物件を選ぶのとはわけが違います。

こんなん言うたら怒られるけど、僕はカブトムシの小屋を探してるんです。それか犬小屋です。バカにしてるわけじゃなくて、マッチングやから。

自分にとって価値はないけれど、「誰かこれに価値を見いだす人がいるんじゃないか？」って気持ちで選ぶわけです。ザリガニの巣をつくるみたいな……。釣りのルアーをこしらえるのと同じ。「これ釣れるかな？」「このバルサ材を削って……」という感覚です。

もちろん、人が住むための条件を満たしますが、対象は自分じゃないから小屋への気持ちです。これをカッコよく「商品化」って言い方をします。

自分のためにではなくて、そのマーケットに出すために商品化するイメージです。その商品の価値をどこまで上げるのか。僕なら小屋レベルで〇Ｋってことです。

僕は言葉が悪いんです。皆さんも生活レベルがあるでしょう。今10万円の部屋に住んでいる人が投資をしようとしたときに、「あなたが住む5万円の部屋を用意します」と言われても住まないと思うんです。やっぱり10万円の部屋に住むのを選ぶでしょう。

世の中には5万円の部屋がいい人もいるし、3万5000円でないと住めないという人もいます。その家賃に見合った基準があるんです。「全部屋にエアコンが付いてないと入りませんよ」「この地域は車が2台は駐められなきゃ」と各々の条件があるので、そこを満たせばいいんです。その地域に外国人が多ければ「洋室にしなきゃダメなんだな」と判断できます。逆に相場の基準が曖昧なら、とにかく清潔であればいいでしょう。

一般的なイメージだと都会のほうが洗練されていて高く、田舎のほうが安いと思うでしょう。たしかにそういう面もあるのですが、田舎になるほど借家が少ないから、大家さんの方が強くなります（賃貸ニーズがあれば）。田舎の大家さんなんて、ほんまに「掃除して終わり！」で家を貸してるから羨ましくて仕方がないですよ。

これが都会だと、お金をかけてオシャレにしないとダメみたいな場合もあります。その代わり、土地が高いから部屋は狭くなるので工事費が安くなります。商品化の基準は地域ごとに変わるんです。

たとえば釣り人が、「そっちの池はどんな感じ？　エサは何を使ってるの？」と聞いたら、「こっちはミミズ」「ルアーやで」と答えてる感じ。とにかく各々に違うんです。

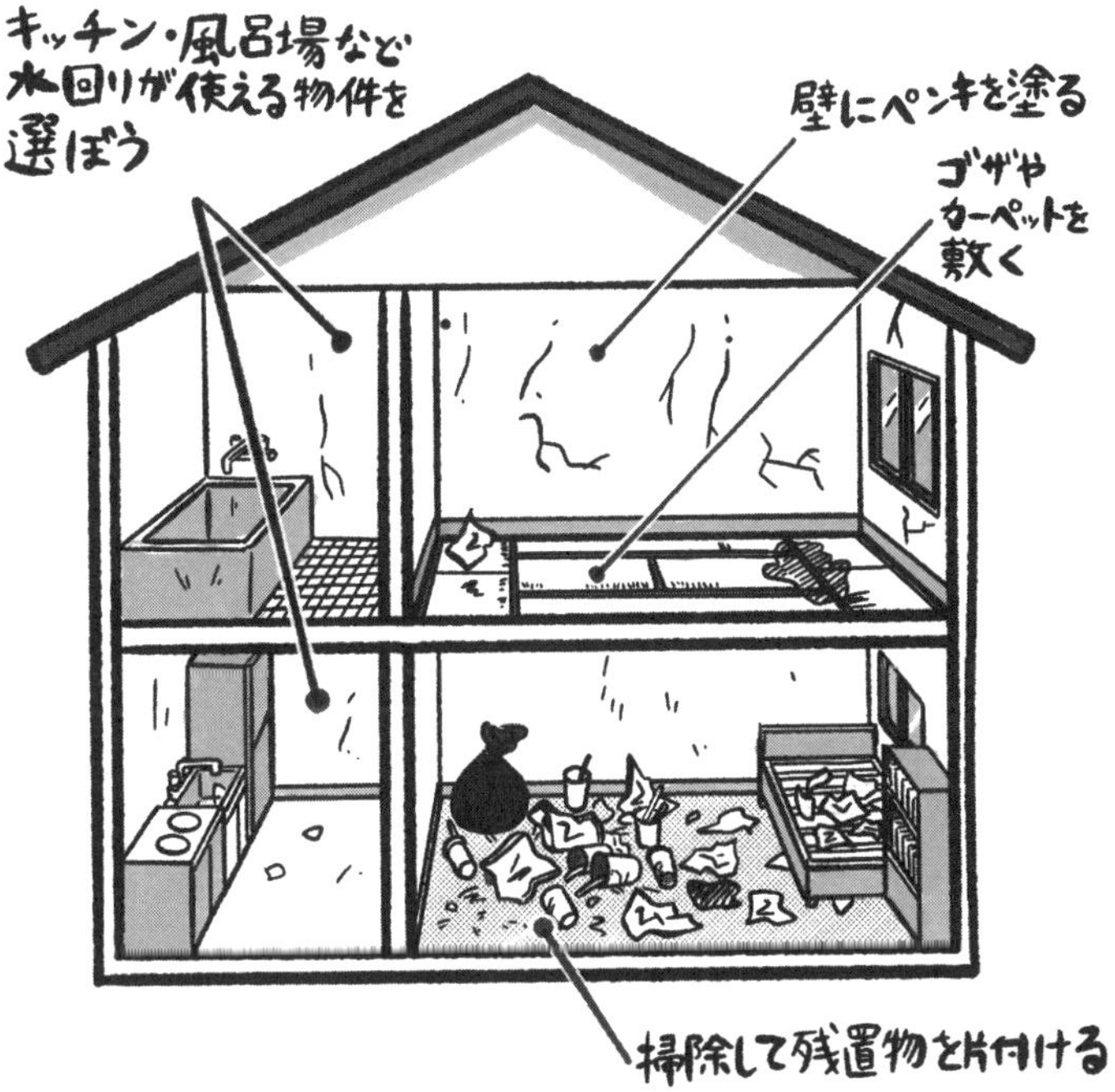

空き家問題は社会問題です。空き家再生は社会貢献の一歩でもあります

そのルールさえ分かっていれば、自分にとってベストな家じゃなくても全然いいわけです。郊外やったら「こんな不便なとこ、よう住まんわ！」と敬遠したくなるけど、実際に人が住んでるやないですか。だから、自分に当て込んだらダメなんです。

ＤＩＹの好きな人は凝りに凝って、自分の理想を追い求める傾向がありますけど、あれはただ好きやからやってる自己満足です。

入居者から求められているものはそんなに高くない。逆に、やりすぎはアウト。ザリガニの小屋って決めたら、もうザリガニの小屋にする。それ以上の小屋をつくってはいけないってこと。それが一番大事です。

不動産投資にリスクはありますか？

株とかＦＸでお金を稼いだ人って、いつそれがなくなるか分からないところがある。暴落して、つまり資産が半分になったとか赤字になったとかってあると思うんですけど、不動産の場合はどんなリスクがあるのか。

あんまりないんですよ。たぶん、株、ＦＸの人は、リスクヘッジするために現物資産に逃げるんです。逃がし先が不動産であるというのが事実です。

なにしろ海外の投資家が日本に不動産を買いに来るくらい安定的なんです。ニューヨークとかパリとかロンドンとかと比べたら、圧倒的に東京がめちゃ安いです。

天災を心配される人が多いですが、台風とか竜巻とかゲリラ豪雨とか大雪は火災保険の特約で補償されます。ただし戦争で壊れたらアウトです。地震も保険があるけれど、火災保険の半額までと決まっているから、リスクではあります。

まず戦争で倒壊するという可能性は薄いです。地震はしょっちゅうありますが、このリスクは不動産投資に限ったことではないので、そこ心配するなら日本に住めません。

だから、一番大きいリスクは空室です。それだけ。

「人口減少してるけど大丈夫なの？」とよく聞かれるんです。めっちゃできるビジネスマンみたいな人からも言われます。それに対して僕は、「あんたのやってる仕事も一緒や。人口が減るのにどうすんの？」って聞き返すんです。パン屋さんやろうが、美容室やろうが、コンビニやろうが全員お客さん減るやん。葬儀屋であろうが、介護屋であろうが、お客さん少ななるやん。「みんな一緒ちゃうん?」って言うんです。

自殺とか事故が起こって、事故物件サイト「大島てる」に載ったりすると、借り手がいなくなるのではないかと心配する人もいますが、それは、ええ建物の場合です。あかん物件やったら関係ないですけどね。殺人があってもあかん物件にはあかん人しか来ないので、だからリスクは低いのです。

安く売られているということは市場的に見て価値がないわけで、価値がないってことはいろんな難があり、その難はいろいろリスクなわけで、もう結果が出てしまっている。そうしたリスクを最初から引き受けているので、それ以上の新しいリスクはありません。

やりたくない人は「耐震はどうなんですか?」「傾いてるのが心配です」「固定資産税が毎年かかりますよね」と、そんなことばっかり言うてくるやないですか。たしかにレバレッジをかけたら、リスクは増幅しますから些細なことが非常に怖いです。けど、戸建てなんてめちゃめちゃ知れてる。戸建てを直すんは大変やけど、たとえ運用がマイナスに転んでもたかが知れてます。

しょせん中古車1台分の投資なんで、失敗しても中古車1台分の失敗で終わります。命を取られることはありません。最後は「自分で使えばいいじゃないか」ぐらいの気持ちでいればいいでしょう。田舎なら別荘にすればいい。

空室になって固定資産税だけかかっていくことを心配する人がいますが、空室になるような物件って、田舎なので固定資産税はめちゃ安いです。たとえ大阪市内でも数百万円で買えるようなしょぼーい小っちゃいテラスハウス（長屋）なら、固定資産税は年間８０００円ぐらいですから。

物件は〝お金〟です

あとは不動産を一度でも買ったら「持ち続けなあかん！」と思ってる人が多いみたいなんです。戸建て投資なんて5年も持ったら長期保有くらいの気分なんです。僕はこれまで不動産を数年単位で売って、その売却益でのし上がっています。

不動産を売買して利益を得ると譲渡税という税金がかかります。5年が経つ前に売っちゃったら、売却益の40％を税金で取られるんやからめっちゃ高い！　だけど、個人で所有している物件は5年経ったら長期譲渡となり20％に減るんです。だから、5年単位で物事を考えていったらいいのかなと思います。

みんな「ローンを回収しないといけない！」って思い込んでるんです。けど、自宅を住宅ローンで買っても転勤になったら売る人もいます。だから目減りするか、せえへんかの問題になってくるんです。

ローンを回収し切ってたら無料であげてもええし、100円で売ってもええ。それは自由なんですけど、つくった時点で「今売ったらどうなるねん？」という考え方がめちゃくちゃ大事です。車のリセールでも、買うときにいくらで売れるのかを調べといたらいいんです。「売りの値段はこんだけだよ」っていうことから、含み益なのか、含み損なのかが分かるんです。

家でも車でもそういう考えでいくので、1年後でも2年後でもいつ売ってもいいです。ただし税金の話になるから、5年というのが一番。全部ローン返している必要もないんです。

僕のものの考えは円、ドル、バーツ、ウォン……物件なんです。お金ってことです。お金に換金したかったら、不動産の目安は「3カ月で売却できる！」という考えで値段を付ける感じです。

よく自己啓発本で「お金に働かせる」と書いてあるでしょ？　あれは、そういうことです。お金が形を変えて働いてくれる。

民泊と賃貸はどう違う？

コロナが明けてインバウンドが戻ってきて、副業として民泊が人気です。それで「民泊と賃貸はどう違うの？」と聞かれることがありますが、民泊は事業なんです。

僕がやっているシェアハウスも事業だし、僕が失敗したグループホームも事業。大家業だけは特別枠、人気商売ではないからだらしなくてＯＫなんです。ぼーっとしててもいい。しかし民泊はちゃんとアンテナついてないとあかん。

不動産を貸すって考えたときに、たとえば月ごとに貸すのが大家さんじゃないですか。それで、月ごとと言いながらも契約の単位は2年間。しかも普通賃貸借契約だったら、うっかり契約更新を忘れていても自動継続します。「一度契約したらこの家はあんたに貸すよ」が永遠に続く。

それを日貸しするのが民泊とか宿泊業です。民泊のほうが若くてアグレッシブで儲かる。貸会議室などレンタルスペースだったら時間貸し。ラブホテルなんて時間貸しでもあるし、宿泊業でもあるし、空間を貸す中では儲かります。民泊というのは空間貸しの中では今一番旬で、一番参戦しやすいし花形です。

法律的な説明をすると、今、日本国内の民泊には3種類があります。民宿や山小屋などの「簡易宿所」（旅館業法に基づいた民泊）、最近だと「特区民泊」（国家戦略特区に指定された場所でできる民泊）、「新法民泊」（住宅宿泊事業法に基づいた民泊）があり、それぞれ別のルールがあります。

会社にしてなくても個人でもできるし、副業向きではありますが、各行政によって細かいルールが変わり、この町ははじめやすくて、この町はムズいみたいなことがあります。大家さん業でも建物には建築基準法という法律が関わってきますが、大家さんのほうが圧倒的に緩いです。たとえば再建築不可といって「建て替えできません！」みたいな家ですら貸すことができるわけだから。

あと民泊はユーザーレビューがあるのが大きい。もし大家にレビューがあったら最悪です。

ライバルは、おじいちゃんおばあちゃん

同じ部屋を貸すという観点でいうと、民泊のライバルは、すごいやる気のある人たち。それも全世界的にいます。

大家さん業は、おじいちゃんとおばあちゃんが、コタツの中に入ったままで成り立ってる商売です。ライバルは、居眠りしているようなイメージです。たまに動くけど、そこら辺を掃いたり立ち話するくらい。

冗談みたいだけど連絡がいまだにFAXという世界線です。電話が普通でメール連絡ができたら「おお、IT化が進んでるやん！」というレベル。売買の不動産屋ならLINEを使っている会社もあるけれど、賃貸の不動産屋はホントにアナログです。

だって大家さんってほんまに、「うちの部屋借りる？　ほな、行こか。以上！」ですよ。契約書はもちろんあったほうがええけど、最悪なくても成り立ちます。

だから滞納もいっぱいある。なぜなら家賃が入っているのを確認してない人もおるし、個

人と個人のやりとりなんでとにかくだらしない。これが融資が関わってくるとシビアになってくるんですけど、エンジョイ勢ならゆるーくできます。敵もほんまに緩い。

ガチ勢の人たちが一生懸命に計算してやらなあかんのは、借金して大きなレバレッジをかけているから。物件もそれなりに立派だと、利益は少ないやないですか。その中で勝負せやなダメじゃないですか。

それがレバレッジ効かせてへん戸建てになると本当にだらしない。それでも成り立ってる。借す大家と借りたい入居者がいればいいのだから。それが需要と供給ってことです。

難しい話をする前に、まずどういう海に飛び込むのか。そこにエントリーしている選手たちのレベルがめっちゃ大事やないですか。

もしトーナメントがあるとしたら、民泊なんか、みんな鍛えててバキバキやないですか。けど賃貸の大家さんやったら、おじいちゃんとおばあちゃんがコタツに入ってるんですよ。

都会でやってる人たちはもうビジネスマンと一緒。けれども田舎の大家さんとかは、横断歩道をゆっくり渡っている。渡ろうかな、渡らまいかな、どうしようかな、みたいな。

やっぱり最初は、ライバルが弱いところに飛び込むべきやと僕は思います。

第3章

中級編

不動産投資で夢を叶える方法

自分のスタンスと属性を知ってどんどん増やす

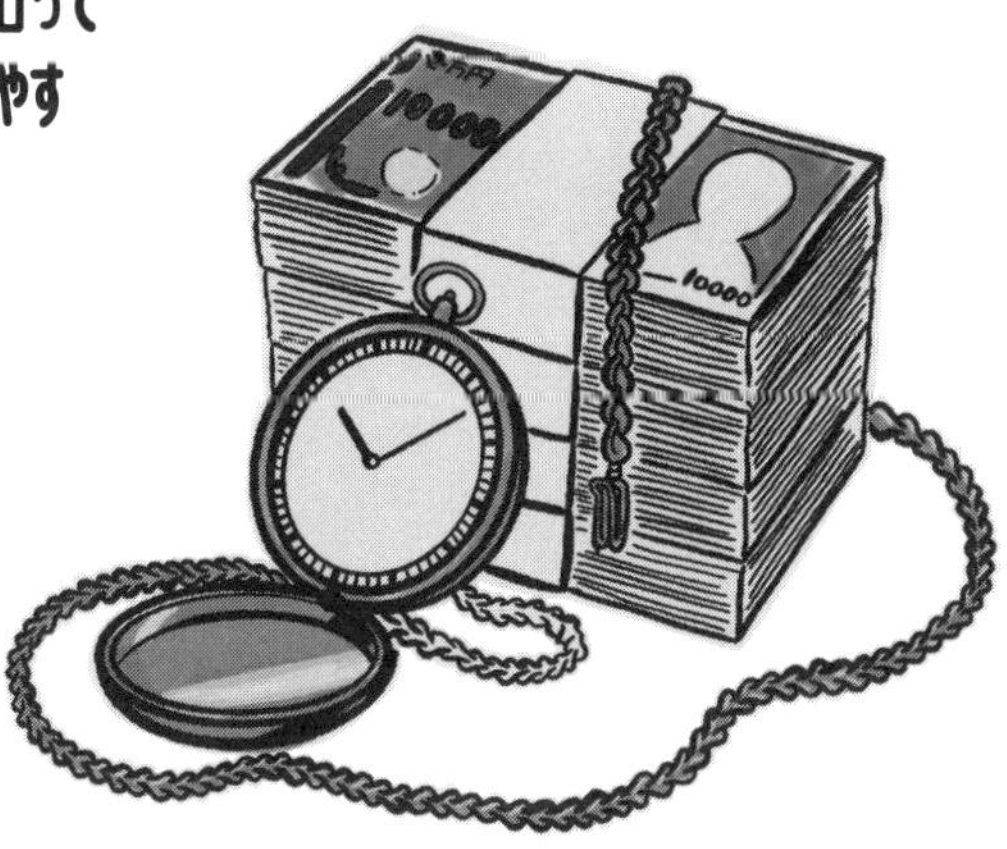

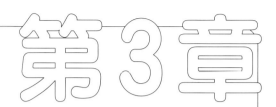

「成功の定義」なんてない

不動産投資は何をもってして成功なのか？　成功は蜃気楼のようなもので年々変わっていくんです。規模拡大を目指すのであれば、ある程度のステップアップをしていかなきゃいけない。その道はストレートではありません。

いろんな道筋があるから、それをどう折り合いつけていくのか？　何を目指して、どういうふうにおっさんＦＩＲＥしていくのか？

キャッシュフローを月１００万円とか、自分の年収分を稼いで会社を辞めたい……。それらは過程であってゴールではないです。

不動産投資が面白いのは、お金を儲けるだけじゃなく時間を儲ける点です。正確に言うと「お金を稼ぐ」「時間を稼ぐ」です。お金と時間が稼げたら、それまで労働に使っていた8時間や10時間がスポンと空いてしまうんです。

それでは空いた時間で何をするのか、どう楽しむのか？

定年退職になったら抜け殻になるおっさんがいますよね。そんな感じで成功のあかつきには抜け殻になるのか？　それとも、子どもの頃の夏休みのように過ごすのか？　人によって全然違います。お金をいくら稼いだら成功やとか、決まりはないはずです。むしろ、そういう競争から抜けたかったたんちゃうの？　と思います。

数値目標から離れられないのは、みんな資本主義に洗脳されてるからです。学校教育を受けるのは、ええ会社に就職するため。だから「数字で目標を決めないといけない！」っていう洗脳を受けるんです。

そもそも目標なんて決める必要もない。「何かしないといけない！」っていうのも、勝手に自分で決めてるわけやから、むしろ白紙に絵を描くことを楽しめばいいと思います。

だから、「自分自身で成功の定義を決めろ！」っていう話です。成功の定義は十人十色です。学校の自習時間みたいに自由に決めたら楽しいちゃいますか？

世の中には、目標の数字を立てて「数字に向かって走れ！」みたいな教えが多いです。そんなもの僕からすればクソです。だって、おっさんおばはんになってるんやから、もう酸いも甘いも分かってるやないですか。

おっさんＦＩＲＥを望む人たちは、まだ燃えてないだけです。燃えてたら、とっくの昔に花が咲いてるから。

多くの人はお金に動かされてるから、利益にコントロールされてるから、好きな生き方、本当に心の中で思っている生き方ができていない。何か決められたレールを走らされている。不動産は、そのレールから解放されるためのツールです。

ぶっちゃけ金額なんてどうでもいいんです。エリートはみんなラットレース（ネズミが回し車を回し続けるような無意味な競争）が好きで、生粋のラットレーサーやからいつまでも走っていたらいいです。成功した不動産投資家ほど、ずっとお金を稼ぐ競争……ラットレースをしてる。

おっさんＦＩＲＥは、ラットレースの先の考え方です。『おっさんＦＩＲＥ』を読む人たちは、心の奥に時間やお金よりも大切なものがあるんです。これまで時間とお金を稼いでなくて、いろいろしんどい人たちが、時間とお金を稼ぎ出せたら鬼に金棒やないですか。そんな人たちが力をつけるほうが世の中面白い。

自分に合った戦い方を探そう

自分自身の成功の定義が決まったら、あとは実践するだけ。

ここまではエンジョイ勢、ボロ家再生の話を主にしてきましたが、不動産投資には投資家のスタンスや属性や資産に合わせていろいろな手法が存在します。

この本では大きく「ド根性コース」「スタンダードコース」に分けて紹介します。

なお、ここから「属性」という言葉がちょいちょい出てきます。属性とは、融資の世界で使われる言葉で、その人の勤め先や年収や勤続年数とかから、社会的な信用をはかる指標です。大人の通知表みたいなもんやと認識しておいてください。


【ド根性コース】

簡単に言えば、自分でお金つくって、汗水たらして収益物件をゲットしましょうっていう話です。物件を現金で買うから、属性が良くない人でもできます。安い戸建てを見つけてコツコツとやっていく、それがド根性コースです。やる気さえあれば誰でもできます。ド根性も頑張ればガチ勢にいけますが、入口はエンジョイ勢です。

【スタンダードコース】

借りたお金で物件を買って、お金を稼ぎましょうって話です。自分が使える属性や資産がある人のためのコースです。汚れたくないし汗もかきたくない人にも向いています。こちらはガチガチのガチ勢です。ちゃんと続ければ会社を辞めるくらいお金が稼げます。

自分のお金を使わず、他人のお金をどうやって使うか。大事なポイントとして、日本は超低金利でお金を借りやすいという利点があります。

まず、国によっては土地が買えません。事業でお金を借りようとしても金利10%以上は取られます。しかし、日本はちゃんと勉強して3年間の属性を培ったら、そこから人のお金＝銀行融資を使えるようになります。商売で一発当てなくても行けるんです。こんないい国、他にないですよ。下層のカーストから逃げれるんです。

他の商売で一発当ててお金を残すという難しさ。日本は税金が高いから事業でウハウハな人たちも、「金残せんのか?」といえば残らないんです。相続税もバカ高い。それが不動産投資であれば、お金を残せるんです。夢がありますね!

大金を動かして雫を舐める

スタンダードコースの資格は高属性です。つまりお金を借りるだけの社会的信用があるってことです。この人たちが勉強しはじめようとしたときに出会うやつらがおるんです。「節税のため」「生命保険代わりに」とセールスしてきます。人にお金を借りさせて、高いものを買わせて、そこで利益を搾取するやつらが寄ってくるんです。

それが不動産投資の第一関門で、過半数がやられます。だから、みんな口をそろえて「不動産投資は怖い!」「損する!」というイメージを持つんです。

スタンダードコースは、その先まで勉強するのが大事です。入口を知っとかないと騙されます。とはいえエリートは多少騙されても倒れません。僕のところへ来る騙された人は、強めの人が来るから倒れてないけど、多くの人は倒れて諦めてしまいます。

くじけず諦めずに頑張れるガッツのある人が成功するためには、融資、つまり人のお金で資産を増やすステージに行く必要があります。そのときは、そこまで高利回りを目指したらダメです。イメージは不動産の売上から金利を引いた差益をいただく運用です。

また、お金を借りるには税金をたくさん納める必要があります。そのフェーズに考えが達しないといけません。何億円もの大金を動かして、その余った利益の雫《しずく》を舐めるという仕事です。

たとえば1億円を借りて200万円の手残りが出たとします。ほんなら、「そんだけ借りて、これだけなん。リスクありすぎやん?」ってなるんですけど、1億円で買った物件の含み益・含み損というのは、相場で買うと1000万円そこそこやと思うんです。1000万円の含み損からスタートしたとしても、あとはその雫を舐め続けたら、それがいつか回復していくんです。だからじっと待つ。

投資の名言「コップに溜まった水を飲むのでなく、溢れた水を飲むんだよ」の、まさにあれなんです。コップから溢れた水を飲んで、コップの水は減らさない。

これが本当の不動産投資で、株で言うところの、1億円分の株買って配当3％を毎年もらい続けていく。そして売るときに、その1億円より上がってるか、それとも下がってるのかは、その10％くらいに収まってればいいっていうことです。

ド根性とスタンダードはクロスする

ド根性コースは、いわばリサイクルリース業なんです。スタンダードコースになると、ホルモンの調理法が難しくなってくるんです。小っちゃかったらマンパワーでねじ曲げれるんですけど、大きいやつはもうねじ曲げれない。それをやる人は宅建の資格を取ってプロとしてやっていきます。

この2つの投資法は不動産投資の王道ですが、全く違うように見えて、実はクロスするところもあります。

ド根性の人たちも達者になったらスタンダードに行くんです。スタンダードもそれだけやってたら手残りが少ないので、リサイクルリース業もしだすんです。だから行ったり来たりするんです。

ド根性コースの人はやってるうちにテクニックが身についたり、物件を売ってある程度小金が貯まってきたりして、金力がつくと信用がやっと追いつきます。

ド根性コースがいいのは、最初からめちゃくちゃ高属性のサラリーマンっていう切符を持ってなくても、竹槍で「えーい！」って頑張ってる。それが実績として認められ、地元の信用金庫・信用組合から「君、頑張ってるね！」と認知され、スタンダードに入って行けるんです。

逆にスタンダードの人が融資を受けてガンガン買ってると、そのうちお金を借りられなくなります。そこで雫を集めてボロい戸建て買って、竹槍で「えーい！」って頑張る。ド根性に入って、ちょっとずつお金をまた注入していくと、ポタポタだった雫も、ボロ物件の再生をいくつかしたらゴクゴク飲める水になるんです。

ド根性コースでリサイクルリース業やってる人たちは、軽トラに乗ってる小金持ちです。スタンダードの人は最初からベンツに乗ってるんですけど、たまに車を交換して汚れ仕事をしようとする。軽トラに乗りながら「このまま、ちょっとスタンダード行くわ！」っていう、

目指すのは洗練された賃貸経営か、入居者も大家もコスパ命の叩き上げか

これが一番美しい成功事例です。

いわゆる泥臭い僕のもとにスタンダードコースの人が混ざってるのは、そこに価値を見いだしているからです。マニュアル人間みたいな人が「これ以上は借りられないな……」と思ったら、「ちょっとド根性を教えてください」みたいな感じで来てるケースがあるってことです。

屋台のラーメン屋とフランス料理をやってる人たちが情報交換して体験し合う。フランス料理のシェフがある日突然、週2日は屋台を引っ張りだすんです。そして屋台を引っ張ってたおっさんは、フランス料理のシェフのところに行って料理やりだすんです。それが一番美しい。

そう考えると、日本は意外に垣根が低い平等な国、いい国です。多くの国はそこに高い垣根があるけれど、日本は低いんです。

憧れのアーバンスタイリッシュ

ド根性コースもスタンダードコースもキャピタルゲイン（売却益）を狙えるけど、基本的にはインカムゲイン（家賃収入）を得ることが目的です。

そして、インカムゲインではなくてキャピタルゲインを求めるのが、「アーバンスタイリッシュコース」です。都心部の物件のみを狙う不動産投資です。

おおよそですがアーバンスタイリッシュの利回りは約４％です。そこはインカムゲインではプラスにならなくて、売却したときに大きなキャピタルゲインを得られることを目的としています。土地値じゃなくて時価が上がるのを期待することになります。

新築マンションやタワーマンションは、スタンダードよりももうちょっとお金を借りられる高属性な人で、「自分は何もしないよ」という人が買います。時価はガーンと上がりますから海外の不動産投資家みたいな感じです。高いものを、さらに高く売る。

ド根性もスタンダードも、みんなアーバンスタイリッシュに憧れてるんです。最終的にはアーバンスタイリッシュに行きたいって思ってるけど行けません。

だから今回この本では、ド根性とスタンダードを中心にお話しています。理由は、おっさんＦＩＲＥだから。あくまでアーバンスタイリッシュは憧れです。

戸建てかアパートか、ファミリーかシングルか

大きく分けると、単身者が住むシングル向け物件と、家族が住むファミリー向け物件があります。この種別っていうのは重要です。やっぱり一番の敵は空室だから、どの物件を買うのかは大事です。

では、僕がどういうふうに区分けしてるか。それは、入居者にもスタンダードな入居者とド根性の入居者もいてるってことです。

戸建てだからド根性ってわけじゃなく、アパートにだってド根性はいるわけです。つまり家賃の低いほうがド根性です。収入の少ないド根性生活をしてる入居者です。スタンダードな人たちはやっぱり家賃の高いところに住みます。

単身とファミリーの考え方のレイヤーと、ド根性とスタンダードのレイヤーが出てきて、それが家賃帯になります。安い単身と高い単身、安いファミリーと高いファミリーに分かれます。

ファミリー向け賃貸だと「そのうちマイホームを買って出ていくのでは？」とよく言われるんですけど、もちろん買う人もいるでしょうが、ずっと入居している人たちもいます。住宅ローンはアパートで借りるよりも、ずっと簡単に借りられるものですが、低所得者の人たちの中には、すごく少ない住宅ローンですら借りられない人たちもいます。それにお金持ちでも賃貸が好きな人もおるから、「マイホームを買うか、賃貸物件を借りるか」、これは永遠のテーマですね。

田舎の低所得者の人たちは、すごく少ない住宅ローンですら借りられないこともあります。自営業者なんていくら稼いでいても税金を払いたくないから住宅ローンが組めないんです。

僕が岐阜に持ってる50平米くらいのファミリー物件は家賃が安いので退居もなくずっと満室です。長期入居が見込めるのがファミリーのいいところですが、長く住んで退去された場合、家が傷んでいるので修繕費がかかる可能性が高いのが難点です。

シングルについては、学生さんだと入退去の入れ替えが早いです。同じシングルでも高齢者は長く住んでくれます。

「じゃあ、どっちを買うの？」と聞かれたら「買える物件を買う」が答えです。

ド根性はとにかく安く買える物件で、スタンダードは銀行評価が高くて手金を使わず買える物件です。

実際にどんな物件が買えるのか、モデルケースを紹介しましょう。

【ド根性コースのモデルケース】

再現性のあるモデルケースです。たった今できるやり方やったら、郊外の戸建てを250万円で買って、リフォームと諸費用を合わせて300万円で仕上げます。壁紙は職人さんに頼みます。掃除は自分でします。それを家賃4万5000円で貸します。

《利回り計算》

4万5000円×12÷300万円×100＝18％

利回り18％なら5年強くらいで回収できます。利回り39％あった僕の最初の物件は例外です。皆さんはいきなりそこまで目指さず、このくらいを水準として考えてください。

このモデルは郊外や田舎の想定だけど、首都圏や大阪のいいところなら、こんな安い値段では買えないだろうし、ここまでの利益も取れないでしょう。郊外ならあり得るという話です。

【スタンダードコースのモデルケース】

スタンダードコースの人は属性が必要です。社会的信用が高い上場企業サラリーマンや公務員などです。つまりお金が借りられるちゃんとした社会人であること。持ってるお金は最低でも５００万円です。

年収の目安は、首都圏なら７００万円は欲しいところですが、１０００万円の人も珍しくありません。地方なら年収５００万円です。その年収によって使える銀行が変わるんです。スタンダードコースは、「他人の金で、どんだけ運用するか」という定義をバチンと押さえています。大事なポイントとしては「物件をどう買うか？」じゃないんです。「どれだけ資金を調達できるか」です。

スタンダードコースの中でも、さほど属性が高くなければ金利が高い銀行しか行けないし、超高属性で「３０００万円くらい年収あります！」となれば、メガバンクがついてきて超低金利で借りられます。

持ってるお金は、めちゃめちゃ属性が高ければ限りなく少なくてもよくなるけれど、基本的には物件価格の1割は絶対に持ってないとマズいです。つまり頭金が必要なんです。

その決められたルールに則った評価に沿わなきゃいけないので、とんでもないボロ物件もなければ、ガラガラの空室物件も出てきません。

だからミドルリスク・ミドルリターンで、規格外の物件はあんまり出てこず、その中から選ばなきゃいけない。逆に言うと、めちゃくちゃお得な物件はないわけです。

関東なら首都圏郊外の埼玉県、国道16号線のギリギリ内側にある、ちょっと古い木造アパートと仮定します。いわゆる土地値がある（＝銀行評価の出る）物件です。物件価格５０００万円のシングル向けで、家賃４万円の部屋が10室あり年間家賃が４８０万円です。

《利回り計算》
（４万円×10室）×12÷５０００万円×１００＝９・６％

表面利回りは９・６％です。自己資金５００万円を諸費用に充てて、物件価格５０００万円をフルローンで信金から借ります。融資期間は20年で金利２％です。ローン返済が月25万円で年間３００万円です。

年間家賃４８０万円からローン返済を引いたら１８０万円。ランニングコスト（管理費、固定資産税＋都市計画税）が15％で計算すると30万円くらい。そうするとキャッシュフローは１５０万円（税引き前）でした。

使ったお金は５００万円なのに「月々12万５０００円入るなんて、すごい！」という考え方もあれば、５０００万円も借りてるのに、「満室で手残りが１５０万円なんて少ない」という考え方もあります。

ガンダムにたとえればジムに乗って作戦会議してる感じです。ド根性コースは旧ザクで、どんだけランバ・ラルについていくかっていう人。かたやスタンダードは指揮官の人たちです。アーガマ乗ってる、ホワイトベース乗ってる、マゼラン乗ってる、戦わなくていい人たちなんです。

ここで考えたいのは、「戸建て＝ド根性」とは違うけれど、ド根性コースはめちゃ単純なんです。月々いくら家賃収入があるのか、いくらで売れるかみたいな話になるんですけど、スタンダードのアパートになってくると銀行融資を考えるから、〝土地値〟という考えがだいぶ出てくるんです。

「空室が増えたらローン払えなくなるやん！」となるんですが、土地値の下支《したざさ》えが出てくるんです。言うたら10戸のアパートで郊外やったら駐車場付きで45坪くらいになる。

大阪府の３００万円の家は家賃が４万５０００円。同じくらいの賃料だけど、中身が違うってことです。埼玉のアパートはちょっとキレイなワンルーム。大阪府はオンボロの１戸建てです。

僕はこの埼玉のアパートは全然いいと思わへんし、こういう物件は買っていません。それは僕がド根性コース出身で、ド根性からのスタンダードなので、最初っからスタンダードの人とはやり方が違うわけです。その違いを知って自分に合った道を進んでください。

銀行からお金を借りるには

ド根性が身内にお金を借りる場合は、僕のように嫁さんや母親に土下座するケースもありますし、エクセルでシミュレーションをつくって「これだけ儲かるんや！」とプレゼンしてもいいでしょう。

スタンダードが銀行からお金を借りる場合、その指標は銀行ごとに違います。人間の評価、土地＋建物の評価、その物件がいくら稼ぎ出すのかという評価……この3つの掛け合わせです。どれくらいの割合でそれを掛け合わせるのか。それが銀行によってバラバラなんです。たとえば人を重視するなら「たくさん稼げるお医者さんにはいっぱい融資を出してやろう」。それとも土地値を重視するなら、「価値のある土地にいっぱい出してやろう」。あるいは「めちゃくちゃ稼ぐ物件に出してあげよう」など。

いずれにしても各行が数字をいろいろ組み合わせて評価を弾き出します。結果、この銀行は満額だけど、こっちの銀行はゼロ評価なんてこともありえます。

この評価は常に変化し続けるもので、「去年はよくても今年はあかん」みたいにコロコロ変わるけど、だいたい何かしらどこかは貸してくれます。全く貸してくれなければ、ド根性でコツコツと実績を積むところから頑張りましょう。

不動産の評価とは資産性。「将来的に価値が減りにくい」ことが重視されます

フルローンなら物件価格の全額を貸してもらえます。たとえば１０００万円で売ってるものなら、１０００万円が借りられるのがフルローンです。

オーバーローンは物件購入に必要な仲介手数料、登記費用や火災保険など諸費用まで含めた融資です。

最善の物件を買って、寝る

マイホームの住宅ローンと不動産投資で活用するローンは何が違うのか。銀行がお金を出してくれる指標として、物件にお金を出す場合と個人にお金を出す場合があると書きました。ほんで住宅ローンは個人に向けてお金を出す場合になります。

たとえばアパートを買うとして、最初の1棟目は個人に対してお金を出してくれる住宅ローン的な考えでいいけれど、2棟目からはその信用も使ってなくなって、今度はアパートそのものの価値になってきます。

あとは余力があるかどうか、その人の信用パワーです。年収５００万円の人は出がらしになってる可能性が高いけど、年収1000万円ならまだ5000万円くらいの与信があるかもしれません。年収や属性により、5000万円、1億円、3億円といった枠を持っていて、その枠が与信、自分の力です。すでに住宅ローンで使ってしまっていたら、残った枠を使うしかないわけです。

よくあるのは、お医者さんが3000万円のワンルームマンションをほぼ同時に5戸も買わされて1億数千万円借りているケース。そうやって出がらし化されてる人たちが量産されてます。ほんで、そいつらは茹でガエルになってるんです。たとえばファミレスの店長で年収500万円くらいだと、ワンルームを1戸買っただけで住宅ローンを組めなくなる人もいます。

すでにマイホームで住宅ローンを組んでいるとどうなるのか?

基本的には不利なんですが、10年や15年返済を続けているのであれば枠が回復している可能性があります。そこは年収と、その家の価値と、どれくらいの金額で買ったのか、どれくらい返済してるかによります。

「マイホームを買うのと投資用アパートを買う違いは何だ?」と問われたら、家を買ったら自分が労働して払わないとダメなんやけど、アパートやったら、借金は入居者が返してくれますから、自分が返さなくてもいいんです。ここでは収入と労働が比例しないんです。何が素晴らしいってそこですね。1億円を借りても自分は返さず入居者が返す。

マイホームを持っていなかったら住んでもいいわけです。10戸のアパートを買って、その1戸に自分が住めば、自分の家賃タダになります。残りの9人が借金を返済してくれるんです。

5000万円くらいの物件であれば、あなたがこれまでサラリーマンをずっと真面目にやってきたら借りられると思います。5000万円まで貸してくれなくても、2000万、3000万円のアパートもあります。田舎にはなりますが数百万円のアパートもあります。

なので、どのくらいまでの物件を買えるのか相談に行ってください。サラリーマンに対して1棟で貸す銀行は、いつの時代もあるんです。銀行に行って物件資料と自分の資料を提出すると、チャカチャカって電卓を弾いて、いくら借りられるか教えてくれます。

そのためにも大事な枠を、なるだけちゃんと入居者がローンを払ってくれる、ちゃんと稼ぎ出せる物件を買うことが肝になります。それを間違えると、一瞬で枠を使い切ってしまいゲームオーバーです。

銀行が貸すよと言った金額と、銀行が貸すよと言った物件の中で、最善の物件を買うってことです。そうすると入居者がちゃんとローンを返してくれるし、銀行もちゃんと見てくれるし、経営としてちゃんとやっていくことができます。

だから寝ていても儲かるんです。時間が大事なので、むしろ寝ないと儲からないんです。不動産投資家は動けば動くほど物件を買ってお金がなくなるから、余計なことしないで寝ないといけないんです。ほんならお金が貯まるんです。大人しく布団に入って寝てるのが大事なんです。

お前がほんまにしたいことは何か？

エンジョイ勢のおっさんは「毎月5万円の余裕ができたらいい」くらいのとこからド根性コースでスタートします。そもそも5万円を給料で稼ぎ出すのは、ものすごく大変です。誰かに媚を売ったりアルバイトをしないと稼げません。

時間と複利を味方に、寝れば寝るほど雪だるま式にお金が貯まります

うちのシェアハウスで掃除夫として雇ってるおっさんは「ジモティー」で呼びました。この人、なんと不動産投資をしてるんです。

「僕も不動産投資家なんですよ」と言ってましたけど、どこどこでワンルームマンションを持ってて、どこどこで買って……。要するにカモられてる。残債は減ってるけど、毎月4万5000円を払わないといけないんです。

だけど子どもたちが大学に通ってるから、「もっとシェアハウスの清掃をください！」と泣きつかれ、夜中でも清掃してるんです。人は時間を金に変えてるから、単価の上げられない人は24時間の中で削り出すしかしゃあないんですよ。

それを家賃収入で5万円得られるってことは、その真逆の余暇があるんです。この余暇を仕事で使うのか？　それとも自分のために使うのか？　これはほんまに深いんです。

そうなってくると自分の心の中を聞かなあかんし、嫁とか自分のおかんや友達に、「僕って何が好きなのかな？」って、自分を見直す機会ができる。この自分を見直す機会がほんまに大事です。

甲本ヒロトは言いました。

「ロックンロールバンドがね、目指す場所はね、無いんだよ。例えば、ホウキでもいんだ、ギター持ってなくてさ。ロックンロールに憧れて、教室の隅っこでワァーってなる。すっげぇ楽しんだ。そこがゴールです」

おっさんに火をつける……不動産投資も大事だけど、この本は自分の心を見直す。言うたら時間を稼げたとき、余暇ができたときに、「あんたは何がしたかってん？」の問いかけなんです。

TikTokで生活保護者の人が、「俺のこと論破できるやついてへんか？」と挑戦者を募ってるんです。それでずっと「はい論破、勝った勝った！」と言うてる人がおるんです。ほんなら彼のこと、みんなバカにするんですよ。「おまえみたいなゴミが、何が論破やねん！　会話も成り立たへん！」って。

僕はあえて逆張りで、「生活保護の人たちの家賃で暮らしてる生活保護の下の人間です」ってコメント入れてるんですよ。この価値観で僕はいいと思うって。

ベーシックインカムで地味に暮らしてる人が一定数はおってもいい。この社会で一定数のしんどい人は生活保護でもいいんです。せやのにカス扱いする。あれは、ほんまに資本主義に洗脳されすぎてるんです。

僕らみたいな「納税してお金を借りたい」というやつが、たくさん納税してたらいいんです。それで生活保護の人たちから家賃をもらって循環してるから。

せやのにちょうど中間層の人たちは、生活保護の人たちを「なまけている」と叩いて、今度は僕ら小金持ちに対して「おまえらは金にズルいことしてるんや！」と叩いてくるんですよ。この中間層が思いっきり洗脳されてる。

いや、あんた生活保護で全然ええよ。その価値観で1回つぶしたれや。１００人中90人はごちゃごちゃ言うてくるけど、残りの10人はあんたの書き込みで絶対に助けられるからって。

自分が目指すところを勝手に目指していけばいい。大きな夢でなくてもいいんです。すでに夢が叶ってる人もいるんです。

ただ、それを阻害する労働をやったり邪魔をする環境から、なんとか逃げ出したいと思っているなら、おっさんＦＩＲＥを目指していいんじゃないかなって思います。不動産投資なら自分のしたい道に進むことができます。

成功するために仲間をつくろう

不動産投資で搾取されて、言うたら金銭的に失敗している人と、金銭的に成功していても空虚な人、もしくは自分の価値観から外れた人を否定して、周りから仲間がいなくなった人がいます。

孤独が悪というわけじゃないけれど、人を信じられなくなるのは僕の中では失敗です。なんでも勝ち負けでしかものを見られへんようになる。

ド根性コースくらいであれば、金銭的にもそんなに大きく失敗することはありません。あんまりお金を持ってない人は騙す価値がありません。食えないカモなので、カモネギにもならない。だから手に負えない家を買ってしまったり、空室が埋められないのは失敗要素としてあるけれど､それ以外はそんなにひどい目には遭わないです。騙されることはありません。

つまり、あとはすべて成功ってことでいいんです。これがスタンダードコースになると極上のカモなので、注意しないと金銭的失敗の道がありますが。

もうひとつ、この失敗にならない、もしくは成功の定義として、仲間がいるかいないか。本当は仲間がいなくても、孤独でも成功者は成功なんですけれど、人生を分かち合える、失敗しそうなときに助けてくれる、助けたくなる。これを成功の定義に入れてもいいでしょう。『金持ち父さん 貧乏父さん』(ロバート・キヨサキ著)には、「利益が相反するから自分のメンターは業者にするべきではない」と書いてあります。これと同じ目線で、戦友はやっぱり大家さんであり、不動産業者じゃないんです。

今はネットでいろいろな情報が拾えるけれど、特に不動産は物件にも自分に対しても個別要素が強いです。分かり合うためには、語り合って多くの情報を共有しないと通じ合えません。ネット上だけの付き合いには限界があるから、やっぱりリアルで会って話せるような環境が大事なんです。

Xにはいろんな人がいてるけど、不動産投資ってパリダカみたいなもんやと思うんです。ついつい、みんなマニュアルでレースしたがるんです。一列になって走りたがるんですけど、本当はレースで一列にはならないんです。ゴールの位置が違うから、みんなで無線で話し合いながら進んでいます。「おまえのほうはどんな感じ？　こっちは雨が降ってるわ」「こっちは楽しいで」「ほんならそっち行くわ！」という感じです。

もし成功のイメージが描けないなら、自分の身近な人、もしくはこの本を通じて知り合った人で、「楽しそうだな！」って思える人を見つけてください。

第4章

上級編

おっさんFIRE 成功者たちの実例

独自の投資術で
人生を変えた
それぞれの道

かつて社畜だった僕は疲れ果てた若めのおっさんで、底なし沼にずぶずぶと沈み込んでいくような暗い気持ちで日々を送っていました。それがいろんな人に助けられながら、物件再生と共に人生の再生ができて、ここまできています。

その恩返しに過去の僕みたいな人をひっぱり上げたいと考えて、人が育つ環境をつくりました。それが7年前から活動している大家サロン「ビンテージクラブ」です。

世の中には、投資ノウハウを学べるスクールや、不動産屋さんが運営しているサロン、情報交換を中心にした大家の会などいろいろありますが、僕のサロンは全国どこからでも参加できるオンラインサロンです。オンラインといいながら、リアルイベントが山ほどあるのが特徴です。

僕は実際にやっている人の話を聞くのが、なにより重要やと考えています。後半はビンテージクラブから、おっさんとおばはんが登場します。悩みやキツイ境遇を乗り越えて成功した仲間たちの道のりを知ってもらえたら……。彼らそれぞれが主人公の物語です。

FILE.1

ボロ戸建て再生
100戸
世の中の空き家をゼロに

お茶さん

40歳、大阪府在住。本業の廃品回収業の顧客だった大家さんの紹介で、初めての物件を寝屋川市で購入。その後も一貫してボロ戸建ての再生にこだわり、100戸目前まで物件数を増やしている。大阪府門真市で火曜日だけ営業する不動産投資家が集まる「秘密基地BAR」を営業中。

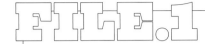

「家賃で食っていく」とは思っていなかった

日頃から仕事を依頼してくれていたお客さんが〝大家さん〟をしていました。その人が紹介してくれた物件を買ったのがきっかけです。

当時の私の本業は〝片付け屋さん〟で、残置物撤去や遺品整理、廃品回収を生業としていました。大家さんの依頼で物件の残置物処理をよくしていたんです。

商売は順調に拡大していき、スタッフも４人まで増えました。特に不満なく暮らしていたものの、仕事が忙しすぎてお金を使う暇がなく資金は貯まっていきました。

私の最初の物件は、寝屋川市の３階建て戸建てです。昭和41年築で土地が59平米でした。これを３１０万円で現金購入しました。紹介されたときは、「この人が勧めてくれるんだから間違いない」と深く考えずに買いましたが、今見ても良い物件だなと思います。

だけど、物件を買ってしばらくは放置してたんです。本業の不要品回収が忙しくて、空いてるときにＤＩＹもしましたがなかなか進みません。それに当時は「家賃で食っていく」なんて考えもしませんでした。

物件をこのまま放置したままでは仕方ないし、本業のお客さんが増えるかもしれないと思ってビンテージクラブに入ってみることにしました。小嶌さんのことは本を読んで知っていましたから。すると、みんなが本気でリフォームを頑張っていて「自分もやらな！」と刺激になりました。

おかげで、なんとかＤＩＹができて完成しました。リフォームにかかったコストは知り合いの大工さんに協力してもらった費用も足して30万円です。

今は5万１０００円で貸しています。客付けは募集をはじめたらすぐに決まったので「意外と簡単だな」と思いました。そんなに人気の場所ではありませんが、生活保護の人にはぴったりの家賃設定の物件でした。

初めての家賃は、入ってきた金額よりも「家を貸してる」行為自体にめっちゃ感動しました。自分が頑張ってキレイにした家に人が住んで、洗濯物を干してるの見て、ちょっと泣きそうになりましたね……。

はじめての物件は310万円で買った築40年の3階建て
予算30万で
なんとかリフォームして
貸した部屋に洗濯物があるのを見て
感動しました
下着見て泣いてる…

ひたすら買って、直して、貸して

それ以降、現金で戸建てを買って、修繕して貸すのを繰り返しています。お金がなくなったら物件を売るか、近所の信金など金融機関から運転資金を借りています。

ただ物件を買って直して貸すのが面白くて、ひたすら繰り返していました。その間、本業の片付けの仕事は従業員にお願いしていました。しかし家賃収入が増えて生活が安定すると、奥さんが夜遊びするようになりまして……。そのうち彼氏をつくって夫婦関係は破綻、離婚となりました。こうした事態となり「もう、これ以上稼ぐ必要ない」と、廃品回収業はスタッフに譲りました。

不動産があることで、頑張る必要もない生活を送っていますが、それだと張り合いがないので、最近はなるべく肉体労働をしています。廃品回収業を譲った従業員のところでバイトしたり、他にはコロナで飲食店をクビになったフランス人の友人ジョンさんを、日給1万円で雇って一緒にＤＩＹをやったりしました。

ジョンさんのＤＩＹはめちゃくちゃ雑ですけど、一生懸命やってくれました。その後、ジョンさんはフランスに帰ってしまいましたが。

最近は、Ａ型支援事業所（就労継続支援Ａ型事業所。一般就労の難しい障害や難病のある人が利用できる障害福祉サービス）に知り合いがいて、そこからの派遣で障害者雇用をしています。具体的には週2日くらい手伝いに来てもらって、壁にペンキを塗ったり、片付けたりしてもらってます。私も一緒に作業してますよ。誰かに「社会貢献ですね！」って褒めてもらいたくて雇ってます（笑）。

その人、不眠症とパニック症なんですけど、うちで働いてたら不眠症が治ったらしいです。「体がしんどすぎたら寝れる」って言ってました。不眠の人は一生懸命に体を動かしたら治るんじゃないですかね。

地域のニーズに合わせて最適化

ＤＩＹは友達に大工さんがいるので聞きながらやってました。あとは私に物件を紹介してくれた大家さんに聞いたりしました。

とはいえ実際やってみると、クッションフロア（塩ビ製の床材）を貼るのは難しいです。でも、私の物件はクオリティを求める人に貸すような物件ではありません。端がギザギザになってもコーキングで埋めてごまかしたり、ぱっと見てキレイなら大丈夫でしょうというレベルです。

また、数をこなすとだんだん「こんなキレイじゃなくても貸せるんや」というのが分かってきました。多くの大家さんはクオリティを高くつくってしまうけれど、リフォームはしたければいくらでもできてしまうし、家の中なんてその気になれば全部新品にできてしまうからキリがありません。

基本的に不動産投資家は「家はこんなもの」というイメージのレベルが高すぎるんですよ。そういった根拠のないところをそぎ落として最適化しています。

たとえば玄関ドアが壊れていたら直しますが、室内ドアが壊れていたら撤去して、最初からないものとして扱います。洗面台も元々あるんやったら交換しますけど、ない物件は新しく付けようとは思わないです。室内洗濯機置き場もあったほうが絶対いいですけど、あえて付けることはないです。

これはあくまで私が投資をする地域の話です。この地域のニーズを熟知してるので、「借りてもらうには、最低限、何をしたらいいのか」という基準に合わせて家を再生しているんです。それで今のところ、そんなにちゃんとしなくても貸せちゃってるという感じです。もしそれで客付けできなかったら、新しく設置するんでしょうけど。

「古い物件って大丈夫なんですか？」と聞かれることもありますが、私は築100年の物件を3つ持っていて、どれもしっかり建ってます。小嶌さんも言っていますが「シロアリが原因で家が壊れた」という話は聞いたことありません。これが地震だったら分かるんですけど。

だから、ある程度、人の手を入れて管理していれば、大丈夫なんじゃないかという考えです。もちろん、大工さんにも相談していますから、素人判断だけではありません。

初心者の人だと、ハザードマップを気にする人もいるのですが、大阪府はあまり浸水する場所もないので、そんなに気にしたことありません。火災保険に入っていれば風災害が補償の対象なので、そこまで気にしなくてもいいのかなと思います。

高く売れる物件、みんなが避ける物件

基本的には貯まった家賃収入で不動産を現金買いしています。足りないときは物件を売りますし、お金を借りることもあります。

不動産賃貸業でお金を借りる場合、購入した不動産を担保として借金のカタに取られるのが一般的ですが、私はリフォーム代として運転資金を借りるようにしています。こういう不動産再生事業をしているというのが認められているので1000万円単位でお金を借りられます。

売却についてですが〝最初から売れる物件〟を買っています。購入基準は買ったときより最低でも100万円以上は高く売れる物件か、または家賃3万9000円で貸すとして、リフォーム費用込み250万円で収まる物件を買うようにしています。

利回りや収益率としては「良い」と言われるような物件が多いですが、大阪府でこのくらいの値段で買える場所は守口市や門真市、寝屋川市、大東市くらいで、普通の不動産投資家

なら敬遠するような場所です。

つまり、みんなが羨むような掘り出し物みたいな物件を買っているわけでなく、みんなが避けるような物件も買っているということです。ただ同じエリアで買い続けているので、物件情報は集まりやすくなっています。

今後は〝人〟を再生したい

私が低収入の人向けの物件にずっとこだわるのは、そういう人たちをちょっとでも助けたいし、不要とされてるものを再生したい気持ちが強いからです。今までは物や家の再生でしたけど、今後は人を再生したいですね。

悩みといえば、そこまで思いつめてはいないのですが、今、自分がダラけて暮らしてることに不安を抱いてます。余裕があって何もしなくていいんで、ダラダラしちゃってます。

このダラダラを改めるために、シェアハウスをつくっています。「おっさん再生シェアハウス」って名前をつけようと思ってるんですけど。ほんまにダラダラしてる人を集めて、逆に

フワァ〜〜
不動産投資は順調だけどこのままじゃあかんな……
次なる目標は
人の再生!!
シェアハウス再生
プ〜
おっさんたちをシェアハウスに集めて……
シェアハウス再生
頑張るおっさんに再生する！

ちゃんと毎朝7時に起きて、散歩をして、朝礼するのを日課にして、そこに自分も住むんですよ。

毎日7時に「今日はこれをやります!」って宣言して、毎日達成していく。これから頑張る人のための習慣をつけるシェアハウスです。そこからみんなが独立していけばいいかなって思いますね。

空き家を「もったいい」ものに

3年前に「100人に貸す」というのを目標にしていて、それは来月あたり達成しそうです。目標を達成したら、もう買わんとこうと思います。その後は古い物件を手放して、新しめの物件と組み替えたりと今より良くしていきたいです。

片付け屋を本気でやってたときは仕事しかなかったですけど、ゆっくりしだした今は旅行やポーカーにハマってます。でも、このままじゃ良くないなって思ってるところもあり、バーを開業してみました。

あとは、私はシングルファザーで子どもが2人、男の子がいるんですけど、「女の子が欲しいな」ってのはあります。だから婚活するかもしれないです。

さらなる目標は「見える空き家を全部なくしたい」。家はどんどん余るので、そんなの無理と言われますが、プチ別荘や秘密基地など、1人の人が家を2つ3つ使っていけば、家が余らなくなるって考えています。

そういう啓蒙活動をして、空き家をどんどん使っていきたいです。手のついてない空き家をほっとくのはもったいない。

「もったいない」っていう言葉を広めたいんです。実は「もったいない」の反対語が存在しないんですよ。

「もったいない」は、リユース・リデュース・リサイクルと同じ意味の使われ方もあるし、「まだ使えるのに惜しいな」っていう感想の言葉でもあるんです。

人が無駄なことを見つけたときに「もったいないな〜」という感情が生まれるのは、それが「使えるもの」だと分かっている状態なんです。

利用価値がない空き家がほったらかしにされていて、それを「もったいない」と思う気持ちを持つことは、利用価値のない家に利用価値を見いだしているからです。

その感情を「もったいい」として広めたいです。ですから「もったいない」と言った瞬間に、その言葉の意味も思い浮かべてほしい。そうすれば「有効活用しよう！」という発想や行動に繋がりやすくなります。

それこそが日本全体を強くすると思ってるんで、「もったいい」を国語辞典に載せる。それが僕の最終目標です。


【小嶌解説】

片付け屋という事業をやってたので、元々資金があったお茶さん。それでも一貫してボロ戸建ての再生にこだわり、ド根性コースを歩んでます。

目標である「100人の大家さんになる」も達成間近やけど、全くブレてません。それは、初めて家賃を受け取ったときの感動を、きちんと覚えてるのが原動力になってているんじゃないでしょうか。

お茶さんは安い物件にこだわって探しているので、安い物件が手に入る場所＝難易度が高い場所でもあります。町に伸びしろがないし、取れる家賃も少ない場所で、人はおるけど、びっくりするくらい空き家が多いんです。

そんな場所で賃貸経営が成り立つのは、ドミナントでその地域で買って、しっかり地域で客付け営業をやってるからやと思います。

普通の人だと不動産投資がうまいことといったら、どんどんお金を稼ぐことが楽しくなるでしょ？　それ自体が幸せに感じてしまうんです。でも、お金を持ってることの本当の豊かさを知らないまま、ずっとお金を増やし続けて死んでいく人もおれば、どっかで「人生は金だけじゃないな」と気づいて、方向転換する人もおる。

お茶さんはお金や規模に捉われずに身の周りにある今の環境で人生の楽しみや生き甲斐を見つけられるタイプなんでしょうね。

お金より面白いことを重視しているので、ビンテージクラブに向いてるヘンなやつやと思ってます。

FILE.2

“用務員のおじさん”がたった6年でFIRE

白服大家 神谷太郎左衛門さん

54歳、27都道府県に375室と壮大な山林を所有する雑食系成り上がり大家。役所系ＩＴ子会社に25年間勤務、45歳で用務員に左遷され不動産投資スタート。愛と絆と銭をモットーに神谷組・組長として、全国制覇に向けて驀進中。

子育てを終え、自由な日々を求めて

不動産投資をはじめるにあたって読んだ本は、みなさんロバート・キヨサキ（『金持ち父さん 貧乏父さん』著者）が多いと思いますが、僕の場合、邱永漢や福富太郎の本を読み、影響を受けスタートしました。

彼らの教えの中に「不動産で資産形成する」というのがあり、人生のチャレンジの中で、いつか自分もやりたいと野心を持ってました。

もともと投資が好きで、株式投資も本気で取り組んでいましたが、安定せずサラリーマンをしながらでは限界がありました。

それから僕が昔からお世話になってる兄貴分が不動産屋のオヤジをやっていて、その人は一見、ヘラヘラしていますが、実は資産家で、日々自由に楽しく生活していて、やたらカッコよく映りました。それもあって不動産投資をしたい気持ちが30代後半ぐらいから強くなってきました。

実際にはじめたのは45歳のときです。僕はバツ2のシングルファザーでして、子育ての責任を果たしたく、45歳で子どもが高校を卒業して、その先の進路が決まり、父親としての務めを果たし、やっと自分自身の自由のため行動することができました。

タイミングとしては子育ての責任が終わったという以外にも、サラリーマン生活への不満もあります。

お役所系のＩＴ企業だった会社は常に安定思考であり、新しいことにチャレンジしたい自分の考えや行動は常に疎ましく思われ、社風とは全く合わず出世は縁遠い状況でした。

常に窓際族であり、最終的には窓外族になり実際建物の外に出されて、公共施設の用務員として草刈りをする日々でした（笑）。

自由な日々を求め、不動産投資をはじめた２０１５年の用務員の年収は５００万円で、当時かき集めて用意できた自己資金は、１５００万円でした。

生まれがお金持ちだったわけではありませんよ。母子家庭で貧乏育ち、無駄使いせず、少しずつ貯めたお金です。

母と2人でマンションをDIY

僕は生まれも育ちも愛知で、住宅ローンの残る家に母と2人で住んでいました（子ども2人は家を出ています）。近所に幼少期に母と住んでいた使わないボロ戸建てがあったので、その活用を考えました。ただ、思い出が詰まった家を壊すのは、母が嫌がり、説得するのに苦労しました。

ようやく母の同意が得られたものの、この土地の形が使いにくいのです。間口は40メートル以上もあるが奥行きがない、非常に長細い三角形の土地だったのです。この形状を生かしガレージを建てることにしました。

当時はガレージ経営をすることが稀で、たいした知識もありませんでしたが、「人と異なったことをしたい！　必ず満室経営できる！」という自信だけはありました。

見積もりを取ったところ、古い平屋の解体費用とガレージ建築で1100万円かかるので、その費用のうち830万円は融資を受けることができました。

そして、9つのガレージと、2つの平置き駐車場が完成しました。管理費を引いた月々の売上が12万3000円で、ローン返済が約8万円なので、毎月4万円くらいが手元に残り、現在でも常に満室経営を実現しております。

実はガレージと同時期に区分マンションも300万円ぐらいで買っています。先ほど言った不動産屋をしている兄貴分が大阪の人だったので、紹介を受けて大阪の池田市で区分マンションを現金で買いました。

経費削減のため母と2人で愛知から大阪まで通い、その区分マンションで寝泊まりをしながらDIYしました。費用は約30万円程度で仕上げました。

家賃は6万8000円で管理費や修繕積立金があるので、手残りは2万円くらいでした。この物件は2年間保有して、2020年に400万円で売りました。

そこまで儲かったということではないですが、この物件を通し、購入から売却まで一連の流れを学ぶことができました。売却の理由は不動産投資のレベルアップのため、資金をつくりたく現金化をしました。

最初の一軒は母親との思い出が詰まった家を
ガレージにつくり変えて大成功！
マンションのリフォームも母親と一緒に頑張って経費節減！
大家の会にも母親と一緒に行きました

自分の感性で引き寄せた〝確変〟

不動産投資の拡大のきっかけは、はじめて2年後の2017年です。そのときの年齢は47歳です。

当初は大阪の兄貴に師事していたのですが、兄貴は地主でもあり、融資をすごく引いてる人で、なんとメインバンクが三菱UFJ銀行でした。

メガバンクなんて自分の年収では借りられません。だから、やり方を教えてもらっても、自分では再現できないということもあって、自分で勉強する必要性を感じていました。

それで、いろいろな本を読んで勉強していたところ、小嶌さんの本に出合ったのです。とくに50万円の物件を再生した話が刺さりました。

世の中にはお金を持ってる人や、頭のいい人がいっぱいいますが、自分はお金を持っているわけでも頭がいいわけでもない、面白さや目新しさで勝負したい思いがあり、その先駆者の小嶌さんが魅力的に見えたのです。

その年、愛知県の南知多という名古屋から電車で1時間かかる海水浴場がある町で、海際の物件を１４０万円で買いました。キレイな海に近い立地が気に入って買ったのですが、小嶌さんからは「あんな田舎で、客付けは無理っ！」ともうボロクソです。

僕としては小嶌さんの教えを自分の感性で愛知バージョンとしてアレンジしたつもりだったんですが、「俺の教えと全くちゃうわ！」と言われてショックでした。

実際、小嶌さんの言った通り、客付けは容易ではありませんでした。そもそも地域に賃貸需要がほとんどないのです。

そこで「海に癒やされたい人なら借りるのでは？」と考えて、都会で疲れているサラリーマンの需要があるかもと名古屋の不動産屋に営業に行きましたが、それでも決まりません。

「じゃあ、究極に心が癒されたい方は誰か」となったとき、障害者向けのグループホームとして貸せないかと思いついて、紆余曲折ありながらグループホームの賃貸にこぎ着けました。

その結果、家賃相場が４万円の場所で、17万５０００円で貸すことができました。これが僕の中での最初の〝確変〟です。

契約の関係で5年で退去となりましたが、それでも１０００万円以上稼げましたし、グループホームに関するノウハウもできて、今は別の2物件をグループホームで貸しています。

失敗しても諦めず、必ずゴールする

サラ卒したのは2021年です。その数年前から用務員の仕事に終わりが近づいてきていることに肌で感じていて、常に危機感がありました。

追い詰められた人間は動かざるを得ない。崖っぷちに立たされたときが一番の情熱というか、行動力に繋がると思います。余談になりますが、恵まれている人の「ちょっと副収入が欲しい」という感覚ではダメだと思っています。それだとなりふり構わずやり切るのは難しいと思います。

会社を辞める直前は、必死のパッチで睡眠時間を削ってDIYや不動産営業をやっていました。そのせいで疲れ果ててしまっていて……。そして、ついに仕事中に交通事故まで起こしてしまったのです。それが会社の人員整理のタイミングと重なり、25年間お世話になった会社を51歳で退職しました。

それこそ「おっさんＦＩＲＥ」を意識して、愛知県で2棟、関西で2棟のアパートを立て続けに買いました。それでサラリーマン卒業のタイミングがやってきました。

不動産投資の仲間の中には戸建てだけをずっとやってる人もいらっしゃいます。それが悪いとは思わないですけど、どうしてもスピードが落ちてしまいます。僕はやっぱり自由になりたかったので、その思いで駆け上がった感じです。

なぜ融資を受けられたのかというと、その頃には決算書が3期分できて、物件再生の実績を重ねたことで、ずっと門前払いだった地銀さんに認められるようになったからです。

もっと遡ると、先ほど1棟目にガレージと共に購入した区分を２０１８年に売却したという話をしましたが、２０１８年頃に手持ちの物件をほとんど売却して現金に変えたんですね。その資金を元手に再投資をして資産の組み換えをしたおかげで拡大ができました。

今、借入れは10億円以上、家賃年収は2億円、月のキャッシュフローが５００万円になりました。あくまで満室想定での話ですが。

不動産投資で失敗した経験はほとんどないですけど、それは失敗で終わらせず、粘りきったからなんです。もし途中で諦めてしまったら、失敗だったかもしれないけど、諦めず必ずゴールに押し込んでました。

全国制覇が男のロマン

ハワイはおろか沖縄にすら行ったことがない人生ですが（笑）、FIREしてからは好きなタイミングで日本全国、旅ができるようになりました。

実際は観光ではなく、日本各地で不動産を買うための旅です。そして、日本各地にいる同じ志を持つ仲間に出会うことも目的にしています。旅費で年間1500万円程度使ってます。この移動経費がかかることが自分の事業、成長戦略だと思ってます。金融機関にも唖然とされるけれど、全国27都道府県にある物件のレントロールを見せて、「移動経費がすべて僕の源泉なんです」と説得し納得してもらっています。

「なぜ、全国各地で物件を取得したいのですか？」と聞かれますが「全国制覇が男のロマン」であり、僕は「信長の野望」世代でもあるので全国に物件を持ちたいんです。

旅先には、そこに僕が会いたい人がいて、僕に会いたいと言ってくれる人がいる。それが

夢は全国制覇！
男のロマン…
FIRE後は日本各地を飛《と》び回り
物件さがしの毎日です
プオ
土地
山林・雑種地
今や国土の1000分の1が僕のもの！
日本を守りたいんだ

「一番のエネルギー」です。人が好き、国土が好き、それがあって自分って成り立っているので、だから旅はやめられないですね。

全国各地で不動産を増やすのは、儲けるつもりでやっていますが、「ただ、儲ければいい」

というわけではありません。

儲けたいだけなら、僕は愛知や大阪周辺だけでやっていればいいんですけど、そういう枠で活動したくないので、ご縁があればどこでも行きたいと思っています。それが僕の夢である全国制覇と重なります。

日本って四季折々の面白さや魅力が全国各地にあるので、別に海外が嫌いではないですけど、まだまだもっと日本を楽しみたい。その面白さを伝えていきたいって思ってます。

傍から見ると、全国を旅して優雅に見えるかもしれませんが、自分としては、全く優雅さはないんです。こだわっては生きてますけどね。

シングルマザーの子どもとして育てられて、自分も結婚して離婚を経て、シングルファザーとして子どもを育てたんですね。貧乏育ちだったからハングリーだし、常に成り上がりたいと思ってました。

最終的な夢は「日本を元気にしたい！」

小さな自治体を助ける活動をやってみたいという夢があります。全国に土地を持っていますし、自分がもっと成長すれば、市民税やいろいろな税金をそこに落とせるじゃないですか。あるいは、自分がそこに住んで魅力を発信したり、仲間に遊びに来るよう呼びかけたりすれば、その町にお金も落ちるし、経済的に支援できるかもしれないな、と。

実は日本の国土面積の１０００分の１を自分個人と自社で保有しています。これは別に自慢ではなくて、保有の内容は保安林等、水源が多く含まれています。

こうした山林に関しては儲けるためというより日本に貢献したいからです。登記費用だけで数百万円かけて「日本を守りたい」という思いでやっています。

石原都知事の時代に「尖閣諸島」が話題になったじゃないですか。民間の人が持っていたところ、最終的に国が保有したと聞いてますが、国内に重要な場所ってまだまだあると思っています。だから、僕のできる範囲でそういう土地を買って守りたいです。

別に外国人が悪くて日本人が良いとは思ってないですけれど、日本人として国土を守りたい気持ちが強くあります。

【小嶌解説】

神谷さんがビンテージクラブに申し込まれたとき、メールの文面が高圧的で面倒そうな人だったので、入会を断ろうかと思ってたんです。

そしたら、リアルの場でお母さんと一緒に来られたんですね。その様子を見て、思い直しました。自分の家族を大切にする人だなと強烈に印象に残ったのです。

そもそも、成り上がりたい人間は、最短距離の直線で成功を目指すもの。その「最短」が、属性ある人と属性ない人とでは方向性が違うんですけど、神谷さんは海辺の戸建てを「海がキレイだから」という理由で買ってペンキ塗りしたりしてるんで、全然最短でもないし、他人が見ると優雅に道楽でやってるように映るかもしれません。

極端な話ですけど、金にならない格闘技で命かけてやってるやつっておるやないですか。本人らにとっては真剣勝負で、「死ぬ気でやってるんじゃ。生きるために」って取り組んでいても、僕らからしたら道楽に見えます。それと同じようなイメージですね。

話を戻すと、神谷さんのすごさは、需要があるか分からん場所でも、刺さる人を探し当ててるんですよね。そこはすごいです。さすがやと思います。

とにかく神谷さんは一般的な不動産投資家の動きとは違いますよね。金とか名誉とは違う、大義を持って動いている人やと感じました。なかなかいないタイプです。時間も金も自分の大義のために使ってます。

ザ・ブルーハーツみたいに、中学のときに竹ぼうきでギターやったり、ボーカルやってたやつが、後にビッグな金を得たのは、金を得るのが目的でやってたわけじゃなく、中学のノリで目的達成した延長線上のことなんですよね。

神谷さんは最初からずっと大切にしたいものがあって、そこに不動産投資を寄せてますよね。自分が不動産に寄ったんじゃなくて。こんな男が成功できること自体が不動産投資の懐の深さですし、おっさんＦＩＲＥにふさわしい手段やと感じます。

FILE.3

副業投資が本業に逆転!? 高属性サラリーマンの投資術

全空大家さん

50歳。東京都練馬区在住のエリートサラリーマン。年収1000万円の営業職。不動産投資に興味を持ったのは2014年で「会社に従属していく人生への閉そく感」から副業をスタート。今では年収の3倍以上を不動産投資で稼ぎ出している。

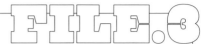

会社員でも不動産投資はできる

不動産投資を知ったのは、お金持ちになるための投資ノウハウ本が好きだった妻の影響です。

とはいえ、当時はそれほど興味がなかったんです。私は上場企業で営業マネージャーをやっており属性は悪くなかったし、ある程度の貯金もあったのですが、それをライフプランにどう生かせばいいのかイメージが持てませんでした。

ですから副業経験は一切なく、ひたすら猛烈に働いてきたのです。投資信託は少しだけやっていましたが、最終的に３００万円ほど負けて諦めました。それで何かいい投資はないか漠然と探していましたが、そこまで熱心ではありませんでした。

妻もフルタイムの会社員です。熱心に投資の本を読んでいたのはサラリーマンの収入だけではリスクで、ずっと続けるのもしんどいと感じ、いろいろ可能性を探っていたんだと思います。とはいえ、夫婦で将来やお金の話で真剣に向き合ったことはありません。

ある日、リビングでくつろいでいたら、テーブルに無造作に置かれた不動産投資本に気づきました。どうやら妻は不動産投資をやろうとしていたみたいです。彼女は後先考えずにはじめるよりも、事前に知識を仕込むタイプです。今思うと不動産に出会うきっかけを与えてくれたのは妻でしたね。改めて感謝です！

私はといえば本の表紙を見るまで不動産投資の世界を全く知らず、まさかサラリーマンが不動産投資やっているなんてイメージもできませんでした。私の実家は土地があり親がアパートを持っていたのですが、「自分には縁のない世界」と思い込んでいたのです。

それが本を読んでみたら、普通のサラリーマンでも不動産投資をやっている事実を知り、大きなショックを受けました。

一方で「不動産って怪しいよな」という疑念が拭い切れず、さまざまな本を買いました。それこそ有名な『金持ち父さん 貧乏父さん』をはじめ、20冊くらい読んだのですが、その中で最も私に響いたのは「融資を受けて物件を買える」ことでした。

そもそも銀行からお金を借りて不動産を買うなんて、一部のお金持ちだけの世界だろうと思っていたからです。それが普通のサラリーマンでもできると書かれているのが強く印象に残りました。そして「上場企業で営業マネージャーをやっている自分の属性」が、不動産投資をするのに有利な立場であると理解できました。

激務の日々に疲れ果て……

私は社会人2年目で、当時勤めていた会社が倒産しています。日本の会社で３００億円もの資本金を集め、鳴り物入りで設立された会社に新卒で入ったんです。それが、わずか入社2年で事業を畳む結果となりクビに……。

だから最初から今の会社で働いていたわけではありません。その当時は日本の名だたる企業群が出資した会社が潰れるなんてあり得ないと疑いもしませんでしたから、「サラリーマンは切られる」という現実をリアルに体感したんです。その後は吸収合併を繰り返し、今の会社にたどり着いた状況です。

妻も全く同じ経歴で、新卒の頃から同じ会社で働いています。世間からはエリートサラリーマン夫婦と羨ましがられるかもしれませんが、実際のところ足元はそれほど盤石ではないと2人とも危機感がありました。

給料は良かったのですが、それこそ小嶌さんのように夜中の2時、3時まで会社で働きづめ。妻に「今から帰る」と連絡を入れたら「私もまだ会社だよ」と。2人してタクシーに乗り、へとへとになって帰宅するんです。

そんな生活をしていたので、お金を使う時間もなく貯まる一方でした。自宅を買ったときは頭金に4000万円を使って、その後も住宅ローンをすぐに完済したくらいです。

何もしないでキャッシュが残る

最初に買ったのは10年前です。千葉駅から徒歩15分の場所にある、大手アパートメーカーが建てた単身向けの新築アパートでした。これを頭金ゼロのフルローン8600万円で買いました。

物件との出会いは、不動産投資セミナーの後に個別相談会で紹介されたんです。「今すぐ申し込まないとなくなりますよ！」とプレッシャーかけられたのを覚えています。

FIREできたらなあ…
ちかれた
不動産投資…？
やさしい不動産投資
銀行からの融資で物件を買えば
ローンを返しても利益が残る…
これだ!!
不動産
いつでもFIREできると思えば
仕事にも余裕ができました
カチッ
カチッ

セミナー会場は買いたそうな顔つきの人が大勢いて、「ライバルに負けないぞ！」という熱気が充満していました。今にして思えば不動産業者が属性で買える見込み客を、セミナーを使って集めていたのでしょう。

さっそく翌日に現地まで行き、その場で購入を申し込みました。そんな経緯で購入したものですから、上級者の不動産投資家からすれば「面白くない」という評価の物件だったでしょう。

しかし、今となってはお宝物件だと思っています。家賃収入が40万円あり毎月の支払いが28万円だから、月に12万円くらい手元に残る計算です。大きく儲かるわけではないけれど、何もしないで月に十何万円かのキャッシュが残るのだから、当時の私としては、ただただありがたかったです。

その後は首都圏で築古アパートやRC1棟マンション、群馬県でも築古アパートを5棟まとめて購入して、わずか3年の間に4億円弱まで買い進められました。当時は「年収の30倍まで融資が出る」と言われていたので、このような買い方もできたのですが、今なら年収の10倍くらいで融資は打ち止めになると思います。

ここまでは順調だったのですが、その後に「スルガショック」があり、サラリーマン向けの融資が止まって頓挫しました。スルガショックとは、２０１８年に新築シェアハウス「かぼちゃの馬車」の企画運営会社が破綻して、提携ローンを出していたスルガ銀行を調べたら、不正融資が横行している事実が判明した事件のことです。

この事件が発端となり銀行が一斉に融資を締めました。結果、サラリーマン投資家の多くが融資を受けられなくなり、２０１８年から物件を買う難易度が上がったのです。

私はその時点である程度の家賃収入はありましたが、ＦＩＲＥするにはまだ足りないと感じていました。

融資が止まり、築古再生の道へ

もう今までのやり方では通用しない。これからは築古再生系の物件しか買えないと判断し、自分のやってきた路線を変更しました。それまでずっと大家の会にも入ってこなかったのですが、小嶌さんのもとで再生を学ぼうと思いました。

実際にやってみると、戸建てだけでは規模が物足りないと感じました。やはり規模の拡大はしたいので、1棟ものも好んで探しています。

手間は戸建ても1棟ものもそんなに変わらないし、アパートが埋まるとキャッシュフローで月数十万円が確定するので大きい。去年くらいから個人も法人も収益を見直して、ちゃんと銀行の返済をして決算書を良くして、銀行に評価してもらえるようになり、ようやく再び融資を受けて物件も買えるようになりました。

築古再生をやってみて分かったのは、自分で直すのが好きなんだということ。廃墟同然の物件が再生されると街並みがキレイになり、人も行き交うようになるので、シミュレーションゲームのシムシティをプレイしているようで楽しいです。それも実際の街づくりに少しでも携われるのだから、やっていて気持ちいいですね。

最近は「不動産が本業でサラリーマンは副業」みたいな感覚を持つこともあります。こんなにハマるとは想像もしていませんでした。とにかくクセのある物件を再生するのが自分のフィールドだと思っています。

現在、満室想定の家賃収入が６９００万円で、キャッシュフローは３３００万円ですが、まだ満室になっていない物件もあるので、この金額に達していません。お金が貯まったらすぐ物件を買ってしまうので、３０００万円の現金が手元にある感覚はありませんね。

まず所有物件数を１５０室までにしたいです。今は１１０室くらいなのでちょっと足りません。

１５０室所有の達成後はＦＩＲＥを考えています。ただ、私には再生系がとても楽しく性に合っているので、ペースを多少は落とすにしても、暇ができたら自分で直して、できないところを業者さんに任せて不動産再生は続けていくでしょう。

本音を言うと会社はいつでも辞められるのですが、実はそんなに仕事が嫌いでもないので躊躇しています。

あとは、まだ辞めた後の生活がイメージできていないのです。なにしろ30年近くも多忙な会社員生活をしてきたので、リタイアしても「時間を持て余すのではないか」「自由を謳歌できるのだろうか」と懸念があります。

「スルガショック」以後・・・
銀行からの融資が止まり
築古算生を決意
明
融
ピッ
廃墟同然のおんぼろアパートでも
自分の手で再生していけば
おいしい物件に生まれ変わるんです

汗をかいて、おいしい物件をつくる

家賃5万円の部屋が1回でも入居が決まれば、2年間で120万円の売上が確定するなんて素晴らしいビジネスです。

今の仕事も毎月の契約で売上が上がるサブスクモデルなので、それに通ずるところがあります。コツコツと積み上げて売上をつくるのが自分に合っているのでしょうね。

最近は神奈川県の郊外にある八百屋さんだった物件を30万円で買いました。1階が店舗で2階が住居という戸建てです。

1階の店舗を3戸のバイクガレージに直して家賃10万円で貸しているのですが、この物件はボロボロで誰も見向きもしない物件だったのです。

人が住む家にするためには多額なリフォーム費がかかります。しかし、私は住居でなくてバイクガレージにしていますから、トイレもお風呂もキッチンもなくていいのです。

こうした誰も買わない物件を安く買って自分でいろいろ工夫して、業者さんとの伝手を活かして再生する。このようなやり方ならリフォームも少額で済むし、普通のサラリーマンでもできることをお伝えしたいです。

しかし自分が汗をかかないと、おいしい物件はつくれないので簡単ではありません。けっして不労所得ではないことも伝えたい。

汗をかいた人、勉強した人、そしていろんな仲間と協力してやれば、こんなにいい商売はないと思います。そんな仲間がいたら、ぜひ一緒にやりたいですね。

【小嶌解説】

全空大家さんは僕と違って、本業が高給やから余裕があったパターンやね。たまたまリビングに不動産投資本が転がってたのを目にしたのがきっかけらしいけど、女の人は目ざといから、わざと見つかるように仕向けたんかも知れないですね（笑）。

1冊の本との出合いから世界が広がった全空大家さん。最初の物件として、大手メーカーの新築アパートを買ってるんやなあ。僕やったら利回りが追求できへんからオススメせんけど、初心者にとって修繕が必要ない新築物件を満室の状態で手に入れられるんやったらありがたいですね。

その分、いろいろと業者の利益が乗ってるから、投資家の利益は少なくなる点は仕方ない。僕のやり方は、自分でゼロベースから商品化する苦労はあるけど、その分だけ利益率も高くなる。どちらを取るかですね。

全空大家さんの最初の物件の買い方は、多忙な高属性サラリーマンにとってスタンダード。自分の労力をなるべく使わんようにして、サラリーマンとしての属性を最大限に生かして融資を借りて大家さんになって、その後も物件を買い進めてますもんね。

最初は王道のスタンダードコースで不動産投資をはじめて、行き詰まってから、本来お金のない人がやるド根性コースを進むという珍しいパターン。前半で買ったアパートが、結果として良い物件となり安定収入を生んでくれたこともリスクを取れた要因になってますね。

それで、買えない＝融資が組めない状況に陥ったら、あぐらをかいて愚痴だけこぼす投資家も多い。そやけど全空大家さんがそこを柔軟に切り替えできたんは、すごいと思います。

高属性サラリーマンって「不労所得で汗かかずにお金だけ手にしたい！」というタイプが普通で、それが王道。けど、全空大家さんは汗かいていろんな細かいこともできる。逆もまた然りで、ド根性コースから融資を使うスタンダードコースに変える場合も、小さい物件ばっかり買いがち。

人って、どうしても同じやり方にこだわるもんですからね。自分の路線を変えるのって、それくらい難しいんです。そんな中、全空大家さんはハイブリッドで両方いけるのが事業者として素晴らしいと思います。

戸建ての再生だけをずっとしてる人もおるし、それはそれでひとつのやり方やし、どんどんブラッシュアップされてノウハウも手に入る。さらに全空大家さんは、他にもレンタルスペースや民泊をやってみたり幅広く挑戦してはる。僕も見習わないとと思いました。

そもそも全空大家さんは、かつて吸収合併されて会社が潰れたっていう、その怒りとか焦燥感で静かに青く燃える炎って感じがします。傍から見たらスマートやけど、ハイブリッドで努力もしてはる。

一般的に収入で見れば、いつ会社を辞めてもいい実績や成果も出してるけど、そこを辞めないのも、また彼らしい。

FILE.4

専業主婦のヘソクリが毎月180万円の家賃収入に

Kゆうこさん

46歳の専業主婦、大阪府在住。コロナ禍で時間ができたことで不動産投資に興味を持ち、独身時代に貯めていた2000万円を元手に投資スタート。独学で戸建てを3戸買ったところで自己資金が尽きたのでビンテージクラブに参加。現在は6棟40室を保有している。

不動産の魅力はお金だけじゃない

不動産投資を知ったのはコロナ禍でステイホームをしていた２０２０年です。YouTubeを見ていたら古い家を２００万円、３００万円で買っている人がいて私も興味を持ちました。それ以前に『いますぐ妻を社長にしなさい』（坂下仁著／サンマーク出版）という本も読んだことがあります。その本ではダンナさんが銀行で働いて、主婦の奥さんが社長となってアパート経営する内容でした。そのときはなんとなく読んだ程度で行動に移していません。

私は７年前まで大学で事務のパートをしていました。時給は１０００円ちょっと、１日６時間で週４日働いて月収は７～８万円ほどです。事務は大変な仕事ではないけれど、仕事をしているのがしんどかったので辞めたんです。

主人が正社員で仕事しているので、主婦の私は無理をしてまで仕事をしなくてもいい環境でした。子育てで一生懸命だったのが30代の頃で、パート勤めを辞めてからは時間に余裕がありました。

世の中には「今の生活から脱出したい！」というネガティブなモチベーションで不動産投資をはじめる人もいます。しかし、私の場合は家庭が安定していましたし、むしろ刺激のない生活だったので不動産投資をやってみたくなったんです。

もともと投資には興味があり、独身だった会社員時代からインデックスの積み立て投資もしていました。株やFXと比べて、不動産の魅力は自分でいろいろ考えられるところ。主婦をしているので「家」が好きなんですよ。

インテリアやデザインを考えて、「壁の色はこんなのがいい！」「床の色はこれに合わせたい！」と、自分で手を加えられるのが楽しいですね。自分の家しか触れないと1戸で終わりですけど、貸家なら派手なクッションフロアを敷いたりできて面白いです。お金だけじゃない魅力があると思います。

夫にも相談せず即決購入

「最初に1棟ものを買ったほうがいい」とよく言われますが、私にはそんな頭もなかったので、「190万円で家が買えるならやってみよう！」というノリで、実際に190万円の戸建てを買ってはじめました。

実は独身時代に貯めていたお金が2000万円くらいあります。だから190万円なら誰にも相談せずにスタートできたんです。

ちなみに主人は、私が2000万円持っていることを知りません（今も！）。人生、何があるか分かんないですからね。私の周りの友達は「100万円も貯金ないわ！」と口をそろえて言いますが、「ほんま～？」って疑ってます。言わないだけで、実は結構持ってるんちゃいます？

物件探しは「アットホーム」で古い家を安い順に見るのを毎日続けて、5日目に見つかった物件を買いました。当時の購入基準は、よく本に書いてあることやユーチューバーが言ってることを参考にしながら、最初は「物件にはしょっちゅう行くことになるから家から近いほうがいい」と考えていました。

私は大阪の茨木市に住んでいるので、車で30分かかる淀川を越えたら「遠いな～」という感覚です。いくら安くても和歌山の下（南部）のほうで買ったら大変なのは想像がつきまし

いまの生活は安定してるけど刺激が欲しいなあ…
えっ190万で家が買える!?
ゴーッ
買います!!
今では
×3
×3
夫の給料より稼いじゃうかも♥
家賃収入は夫には内緒です

た。だから私の中では淀川が基準です。

その淀川の近くにある不動産屋さんから売り物件が出たんです。さっそく電話して朝の9時には現地に着きました。専業主婦で常に時間があったからよかったです。

すでに現地では3人の内見者がおり、みんな買いそうな勢いだったので、私がその場で「買います！」と手を挙げました。

他の人も時間をズラして後から見学に来るのですが、私はその人たちがどんなところを見ているのか、どこをどう直すのか話を聞きました。普通、不動産の見学ではバッティングしないよう時間をズラすのですが、不動産屋のお兄ちゃんに「この後もいていいですか？」と聞いたら「別にいいですよ」と了解してもらえたので。

今思うと本当に厚かましいにも程がありますが、買付を入れた1週間後に契約・決済でした。

ひたすら現金で戸建てを買い増し

購入した物件は、立地は悪くないのですが、大阪の中でもあまり人気のないエリアにあります。でも実際に行ってみると人はたくさん住んでいるので需要はあると思いました。スーパーも近くにあり、「まあ住むのに大丈夫やろな」って感じでした。初心者だったのでヒアリングもせず、「誰か住むやろ」くらいのノリでした。ほんま、怖いもの知らずですよね。

主人には家を買ったことは伝えたのですが、「えっ、マジで？　家って１９０万円で買えるの？」と驚いていました。

１９０万円で買った戸建ては、今考えても「当たり」でした。水回りがそのまま使えるので、床上げしてクッションフロアを貼り、壁を塗ったらリフォーム完了です。何も知らずに買ったわりには、大変な物件でもなかったと思います。

さらにラッキーだったのが、元の持ち主の方がリフォーム業をしており、物件を倉庫として使っていたことです。

決済日、「貸家にしたいからリフォームするの手伝ってください」と相談したら、気持ちよく引き受けてもらえました。見積もりは70万円ほどで、今考えたらもっと安くできた気もしますが、知っている人だし、自分で業者さんを探さなくてもいいので、そのまま70万円で仕上げてもらいました。

本当は複数の業者から相見積もりを取るのが無難なのでしょうけれど、業者をあたる方法も当時は知らなかったので、目の前にいる信頼できそうな人に頼んだのが正解だったと思います。それに、あまり安さにこだわると工事が雑だったり、完了しなかったりでトラブルになるリスクもありますから。

リフォームは2カ月で完成し、次は客付けです。私、新大阪の仲介屋はチャリンコで全部周ったと思います。YouTubeや本の内容を忠実に実践して、仲介店舗を全部周りました。その努力の甲斐もあり、４万円で入居が決まったんです。

１９０万円の物件を買って、諸費用が20万円くらい。そこから70万円かけてリフォームして、年間家賃が48万円なので実質利回りは17％くらい。自主管理だから家賃はまるまる収入になりますし、古くて小さい物件なので、年間の固定資産税も1万円程度で済みます。

最初の1戸がラッキーで、成功して気を良くしたものだから、すぐ次の物件を買い進めました。戸建て3つまではひたすら現金を突っ込んで買っています。

疑いしかなかった〝大家の会〟

戸建て3つ買うとお金がなくなり、「このままではダメだ」と気づきました。やっぱりどこかで融資を借りる必要があると痛感しました。でも融資の勉強をするにあたり、ネットだけでは良い情報が得られない。それで大家の会に入る必要があると感じました。

実は私、最初は小嶌さんのこと何も知らなくて、たまたま最初の190万円で買った戸建てのリフォーム業者の方が、「僕、ビンテージクラブから仕事もらってるんです」と教えてくれたんです。それで初めてビンテージクラブを検索したら、小嶌さんが出てきて知りました。

でも、私みたいな年齢で「知らないネットの世界に入るのは無理……」と一度は諦めたんです。それに大家の会に対しても疑いしかなかったので。根っからアナログ人間なので、ネットを通して人と知り合ったり、どこぞの分からん人の話を聞くのは怖かったんです。

それでもメルマガを登録して読んでると、小嶌さんからのメールは「なんか面白いこと書いてるな！」と思ってました。結局3年前の7月に、初心者向けのセミナーがあるという告知のメールをもらい、「これはちょっと行ってみようかな」と重い腰を上げて行ってみたのがスタートです。

お弁当でゲットした有益情報

ビンテージクラブに入ったとき、最初にお会いした先輩大家さんから「何かを自分から与えないと誰も教えてくれないよ」と、大家の会で生きていく心得を教えてくれはったんです。

それで「私ができることってなんやろ？」って考えると、別にＤＩＹができるわけでもないですし、デザインに詳しいわけでもない。

ビンテージクラブでＤＩＹイベントを企画する人って、業者に頼めないくらいお金のない人もいるんです。そういう人たちが参加者のお昼を用意するのに、吉野家の牛丼を7個くらい注文するんですが、「お金ないのに吉野家を7個も注文したら大変やろうな……。それやったら私がお弁当をつくれば、ＤＩＹイベントを企画する人もお金を使わんでええやん？」と閃いてお弁当をつくりはじめたんです。

しかも、そういう地味なことをやってる人が誰もいなかったのもちょうどよかったんでしょうね。お弁当を持って行ったら、ＤＩＹが得意でない私が現場にずっといても肩身が狭くなくてよかったです。経験やノウハウがない私でも仲間になれたし、それがきっかけで融資情報が来たり、手伝ってもらったりと物件を増やすのに役立ちました。

専業主婦の私がお金を借りようと思ったときに、金融機関の情報が全くないので、どこに借りに行ったらいいのかも分かりませんでした。

「日本政策金融公庫（政府系の金融機関）にあたれ」と本には書いてありますが、普通の主婦だと公庫にどんな資料を持って行くかも分かりません。だから身近で実際に借りている人から教えてもらえたのが本当に心強かったです。

おかげさまで大阪、兵庫、滋賀と物件を増やしていくことができました。現在保有する不

「大家の会」では投資家仲間が集まって物件や融資の相談ができますが
新入りは肩身がせまい…そこで
ワハハ
なるほど
へーッ
ドン
手作り弁当が役に立ちました
道具は…
胃袋は掴んだわ♥
銀行はここで…
うまい

動産は6棟40室で、戸建てだけでなくて1棟のアパートもあるし、シェアハウスもしてます。購入総額1億5000万円、借入総額1億3800万円（運転資金含む）になりまして、4年前からすると信じられないです。

やはりYouTubeと書籍だけで勉強しても限界がありました。絶対、私に貸してくれない銀行へアタックしたり、無駄な動きをしていたと思います。ビンテージクラブで「ここの銀行の、この支店なら貸してもらえそう」と、情報を教えてもらうのが結局は一番の近道でした。

実は最初の予定では「もしビンテージクラブが変な会だったら半年で辞めよう」くらいに考えていました。胡散臭い人ばっかりなら、すぐに辞められるのも私にとって都合がよかったんです。やはり安くない会費を払って参加するわけですから。

でも実際に入ってみたら、大げさじゃなく人生が変わっているし、会費は元を取るどころか、10倍くらい得していると思います。

大家の会を活用するコツは、自分の属性や住んでいるところ、自己資金だったりがフィットする人からアドバイスを受けたり相談に乗ってもらうことです。そうでなければせっかく話を聞いたところで、自分では使えない情報になってしまうんですよね。

あとは、お友達をつくりに行ったのか、不動産を増やすために来たのかハッキリさせたほうがいいです。古い不動産をみんなで朝から晩までＤＩＹするのが自分には向いていて、それが一番楽しいと感じている人もいると思います。

融資を使ってレバレッジで物件を買うことだけが正解ではないと思いました。レバレッジをかけてるが故に、苦しんでいる人も世の中には大勢いるので。〝正しいやり方〟が、その人に合っているとは限らないです。

嫌らしい言い方をすると、不動産を増やすために入ったんだから楽しいイベントばかりでなく、結果に結びつくような行動をしたほうが良いと思います。

夕方から夜遅くまで、みんなでひたすらマクドでしゃべる「マクド会」や、イベント自体はたくさんあって、どれに参加するのもいいんですけど。楽しい時間を過ごすだけだと、もったいないなと思っちゃいます。

お金があったら不動産を増やしたい

現在は月の家賃収入が180万円で、ローン返済や経費などを引いた手残りが90万円です。でも生活自体は何も変わっておらず、「お金があったら不動産を増やしたい！」と考えちゃいます。宝石を買うとかハイブランドを買うとか、100%興味がないです。

夫が私に家賃収入を聞いてくることはないんですけど、もし私が急にお金を使いだしたら夫婦関係がおかしくなるかもしれない。家賃収入のことは、言わなくて済むなら言わないほうがいいんじゃないかなって思ってます。

【小嶌解説】

Kゆうこさんは、いわゆる暇を持て余してた主婦やったけど、燃える対象が不動産でつくづくよかったですね。これがダンナさん以外の男やと、昼ドラみたいにドロドロになってたかも（笑）。

ビンテージクラブを設立した当初は、「きっと僕みたいな金のないオッサンばっかり集まるんやろな」と決めてかかってたんです。ところが実際にはじめてみたら、いろんな価値観の違う人が集まってきて、逆に僕みたいなタイプが少なくて意外でした。

Ｋゆうこさんもそのひとり。まさか、羽の伸ばし方を学びに来る人がおるなんて想定外や。漫画のカイジみたいな世界から抜け出た僕には、「お弁当をつくる」なんて発想は絶対に出てきません。それこそ〝羽柴秀吉の草履〟やで！ 僕がはじめたビンテージクラブを、彼女は僕以上に活用しまくり血肉にしてるんやと感心します。

それにしても自己資金２０００万円！ 僕とはスタート地点が天と地ほど違います。しかもダンナさんに秘密で持ってたんやて？ 結婚という船に乗ったけど、しっかり秘密の脱出ゴムボートは用意してるなんて、ほんま女性はしたたかです。

安定した家庭を築いてはるけど、その安定は裏返すと、何か不安があってのことやと思うんです。それで不動産に向かったのかも知れませんね。

FILE.5

自己資金35万円から賃収1億円を達成！

555大家 中田さん

48歳、栃木県在住。年収300万円だった漬物屋の社員から、年収650万円の外資系製薬会社に転職。離婚を機に不動産投資を開始、現在は再婚しFIRE済み。家賃収入は1億円超、ＣＦ3000万円。目標は555室の大家さんになること。

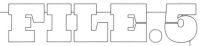

貧乏、離婚、人生を変える覚悟

自分の家は貧乏で、常にお金に苦労していました。旅行に行った記憶もないですし塾も通ってません。

貧乏は病気です。しかも遺伝するんですよ。貧乏の親から貧乏マインドが子どもたちに伝わるんです。

よくドリームキラーとか言うじゃないですか。あれを子どもの頃から受けてましたね。「お金に執着する必要はない。真面目にコツコツやればいいんだ！」が父親の口癖でしたが、物心ついたときから「説得力ねえな」と思ってました。

その後、大学を卒業して最初に勤めた会社は漬物屋でした。30歳時点の年収が３００万円ほど。当時は結婚して子どもが2人いたので、月末はマジで漬物ばっかり食って過ごしてました。

そこから一念発起して、1年くらい傾向と対策を研究した末に、外資系の製薬会社へ転職することができました。転職してすぐ年収は650万円にアップして、数年後には営業で表彰されました。

このまま製薬会社で働くのも悪くないですけど、50歳くらいになると、みんな肩叩きでクビになっていくんですよね。部長や所長、マネージャーにならないと辞めさせられるなと思ってました。

でも自分はマネージャーに向いてないと感じていたし、なれたとしても年収1000万円や1500万円くらいなので、出世を目指す以外の方法で幸せになりたいと思ったんです。

実はその頃、離婚をしまして……。いろいろと事情があったのですが、情けなくて悔しくて、とにかく人生を変えたかったんです。

そのときに「1000万円の副収入をつくるぞ！」と決意してネットワークビジネスをはじめました。外資系の製薬会社でトップを取った営業マンだから「簡単に売れるだろう」と舐めていたんですね。

ところが現実はそんな甘いものではなかったです。商品の化粧品やサプリメントが全く売れず、150万円の赤字を背負いました。最終的に貯金が35万円しかない状況までになりました。

自己資金は35万円しかなかった

不動産投資をはじめようと、まずネットで探した投資系の不動産会社と面談しました。最初に行った不動産会社から「金融資産はいくらありますか？」と聞かれたので、正直に「35万円です」と答えたら、「帰れ」って一蹴されましたよ。

そこからお金を貯めるために、１日５００円のワンコイン生活をはじめました。一応、当時の年収は７５０万円あったんですけど、お金を貯めるために格安スーパーで98円のカップラーメンを買ってきて、そこに卵や納豆入れて食べたり、半額セールのおにぎりも冷凍保存してました。

そんな生活を1年続けると、35万円だった自己資金が１００万円増えて１３５万円になりました。それを頭金にして、埼玉県所沢市に木造アパートを買ったんです。

築23年の６世帯で、1部屋16平米くらいの3点ユニットです。利回りは14％ありましたが、

貧乏だった頃は
漬物ばかり
食べていました
うまい うまい
つけもの
ネットワークビジネスに
手を出すも
ヒィ〜
失敗続きで
不動産に出会い
一念発起するも
自己資金
35万じゃ
ムリ！
銀
門前払い
1日500円の
ワンコイン生活を
1年続けて
絶対
やってやる
お金を
ためました

市街化調整区域に建っています。

市街化調整区域とは、市街化を抑制すべき区域のことで、ようは「市街化しない区域＝田舎」ってことです。原則として住宅や商業施設などの建物を建てられなくて新築したり増築したりする際には許可が必要です。実際には家は建っていますが、資産価値が低いです。そんなことは知らずに買いました。

年間家賃収入は２００万円弱で、融資は日本政策金融公庫で借りて、期間15年で金利１・８％、年間キャッシュフロー（ＣＦ）は60万円くらいです。

この最初の物件で月々５万円くらいの手残りが出て、これが安定的に入ってくるのが不動産投資なんだと実感しました。これを10棟も買えば、月50万円が入ってくるんだと思いました。

今、この物件は売却済です。２０１６年から２０２３年まで６年半所有して、売却益は１１００万円。月々のＣＦと売却益を足して、約１５００万円の利益が出て、結果的に非常にいい投資となりました。

このアパートを買うにあたり不動産投資の本を50冊は読んだし、週末に10時間も勉強していたんですが、それでも決断できませんでした。

じゃあどうしたかというと、結局のところ「不動産会社の営業マンが誠実かどうか」が大事だと思って、一緒にごはんを食べに行ってお話を聞きました。その人の背景も知ることができて、「まあ、悪い人じゃないんだな」と思えたので買うことにしました。

今思えば「アホか」って話なんですけど、不動産には「エイヤー!」が必要なときも結構あると思います。

物件を増やしていけない焦り

最初のアパートを買ったあと、家賃収入のある安心からか停滞してたんです。そのときにメルマガで小嶌さんのことや大家の会を知り、参加させてもらいました。これから会が立ち上がるタイミングだったので「何かのご縁だな」と感じました。

1棟目と2棟目は自分の判断だけで買いましたが、ビンテージクラブで「RC造や重量鉄骨造マンションは、たとえ築古であっても融資が出やすい」と聞いたので初めてRC造マンションを買いました。

３棟目に買ったのは宇都宮で１億２０００万円のＲＣ造です。20室中、12室も空いていた再生物件だけど、リフォームの知識は全くなかったです。壁紙の単価も分からず、職人さんを３人くらい変えながらの工事でした。

そうやって苦労して７００万円もかけてリフォームしたのに、１室も決まらなくて毎月赤字になってしまいました。そのときは「俺、人生終わったな……」と鬱っぽく過ごしてました。

翌年の春には満室になったんですけど、その後は自己資金が底を尽き、物件が買えない時期が続きました。

そこで２０１９年、人生を変えるため自分自身との誓いを立てました。「今年中に３棟か４棟は買わないと左腕をマジでぶった切る！」って書面で誓い、血判をついて壁に貼ってました。でも、「腕切ったら会社をクビになるな」と冷静になり、小指を切ることに変更しました。

やはり「人生を変えたい！」って決意しても、なかなか実行できないものです。僕自身、人と同じような覚悟だと行動することができません。そんな自分が許せないので、血を流す覚悟で本気で不動産に挑んだんです。

結果、その年は物件も3棟、4棟と買えて伸びました。自分でもちょっとおかしいと思いますが、「どうして自分で自分の腕や指を切らなきゃいけないいんだ？　ヤバいヤバい……」と思えて頑張れました。

融資を受けて不動産を買うのに、頭金1割や諸経費が必要ですが、妻や妻の母親を説得して、複数回にわたりお金を借りました。その額はなんと計2000万円です。「必ず返しますんで不動産に使わせてください。なぜなら、僕は命を懸けて不動産投資をやってるんで！」と土下座しました。

やっぱり僕はCFにこだわっており、CFを増やしていつかは独立したい願望もありました。製薬会社はよくて年収1000万円くらいですが、そこを辞めるとなれば最低でも3000万円くらいの年間CFが欲しい。それで目標を3000万円に決めました。

目標から逆算して目標に到達するには何棟必要で、売上がこのくらい必要で、資金調達がどのくらいいるのか計算しました。

45歳、ＣＦ３０００万円でＦＩＲＥ

不動産投資をはじめてから5年後、45歳のときに会社を辞めました。その頃には家賃収入が1億円近くあり、ＣＦも３０００万円を達成していました。融資年数を伸ばしてくれる金融機関から優先的に使ってきたのが功を奏しました。

そして、タイミング良く会社の早期退職制度もあり、退職金が３０００万円入りました。でも翌月には物件を買う頭金に使ってます。

物件を買えば買うほど資産が増えてＣＦも増えますが、それ以上に手元の現金がどんどんなくなっていくので、ずっと苦労してました。ちなみに今も苦労してるんですけど。

とはいえ、３年くらい続けていた５００円ワンコイン生活に比べたら家族も増えて、お金の使い方も変わりました。

今は家族で贅沢もするようになりましたよ。国内旅行は2カ月に1回くらい行きます。家族連れで2泊3日の旅行をすると30万円くらい使いますが、昔だったら厳しかったことが今はできるようになり、ちょっと嬉しいです。

あとは先日、妻が「車を乗り換えたい」と言うので、ローン組んでベンツを買ってあげました。半年前には新築の3LDK区分マンションも買いました。もちろんローンです。マンション買って、ベンツも買って、旅行も2カ月に1回はちょこちょこ行けてるんで、漬物屋のときから比べれば人生変わったなと感慨に浸ります。

ただ、ずっと物件を買ってるとマジでお金がないですね。1年間くらい物件を買わなければ、数千万円くらいのお金が貯まるんですよね。でも、〝不動産買いたい病〟にかかってました。病気だから買うことがやめられないんです。

物件にもよりますが、1棟買えれば年間CFが300万円も増える。やればやるほど成果になるのが楽しいんですよね。

これはあくまで個人的な意見になりますが、不動産投資で僕が行き着いたのは「資金調達」です。

不動産投資を通じて融資をかなり学びましたが、「融資には無限の可能性があるな」と実感しています。物件が増えるよりも融資交渉の方が実は好きなくらいです（笑）。

サラリーマンも嫌いじゃないですけど、大家さん業は定年がありません。理論上70歳、80歳までずっと続けられますし、家賃収入が安定して入ってきます。

とにかく経営者と従業員なら、経営者の側に行ったほうが楽しいんだと思います。こんなバカな僕でも、不動産投資だったら経営者になれるんだと思うと嬉しくて……。

なにしろ不動産投資以外の副業は全部失敗してますから。実は不動産投資の資金を増やしたくて、数年前に物販にも手を出したのですが、全く稼げませんでした。やっぱり普通のビジネスは難しいです。

不動産投資は人生を懸けたゲーム

今後の目標としては、僕は「555大家 中田」って名乗っているので、最低限やらなくちゃいけないのは555室保有の達成です。計算上は555室までいくと家賃が3億円近くになり、CFも毎年1億円はいくんですよね。

不動産業には仲介や買取もあるけれど、ストックビジネスである不動産賃貸業を中心に進

不動産投資は
人生をかけた
ゲームのようなもの
目標をクリアしていくと
どんどん
強くなって
仲間も増える
でも
ときには
死にそうに
なったことも
あります

めて、それで裕福になったら不動産の売買や飲食店など他事業をやるのもいいなと思います。

とはいえ、普通のビジネスは甘くないんで、絶対にストックビジネスの不動産賃貸業を拡大させるのがオススメです。

僕は1棟しか持ってないとき小嶌さんに出会いました。それが今は30棟以上、２５０室あるので、本当にビンテージクラブの歴史と一緒に成長させてもらいました。小嶌さんには感謝しています。

大家の会のいいところは、30室、50室、１００室とか達成すると、みんなが褒めてくれるんですよ。たくさんの仲間がいて知識や手法も学べて、物件買って増えたら褒めてくれて、メンタルにも優しいです。とにかく僕は褒めてもらえると嬉しいですね。

不動産投資を長くやってると、それに見合った仲間が増えてきます。ドラゴンクエストも最初は木の盾とこん棒だけ。それで1人でスライムを倒していくけど、倒してお金が増えていくと、武器も防具も強くなり、仲間もどんどん増えるじゃないですか。

不動産投資もそんな感じで、お金も時間も仲間も増えて、それが自分の人生の生きがいにもなります。とにかく自分が動いた分、頑張った分がきっちり反映するんですよね。それを実感してほしいです。

自分も30歳のときに年収300万円で家族もいて、生活苦により「本当に死んじゃう」と危機感を抱いて転職しました。そして、離婚後に「年収1000万円を稼ぐ!」という目標を立てて、それ以上稼ぎ出せるようになりました。

こうやって自分で設定した目標を達成するのは、人生を懸けたゲームだと思うんです。「目標を設定し、覚悟を決めれば、必ず夢は叶う」みたいな。

私の知る限り、不動産投資で人生を変えることができます! ですから読者の皆さまもあまり考えすぎずに、動き続けてみてください。必ずいい未来が待っていると信じています。


【小嶌解説】

僕が最初に会った555大家さんは外資系のエリートサラリーマンやった。けど、実は年収300万円の漬物屋さんから転職した、ド根性の持ち主だと知り驚きました。

離婚直後で手持ちのお金がわずか35万円。そんな状態から節約生活で100万円を貯めて、最初の1棟を買ったんやね。その後は自分のモチベーション次第で物件を増やし、

1億円に到達できることを見事に証明してくれました。

これを読んで勇気づけられた方は、あとは自分で調べて納得できる大家の会に入るなりして、先輩の話を聞けばいいと思います。

そやけど再婚したお嫁さんと義母さんが、理解ある人だったのもよかったなあ……。借りた金額がそれを物語ってます。僕かてお金なくて嫁に土下座したことあるけど、僕の場合、50万円でしたから。

彼は「自分の不動産投資は資金調達が肝だ」と自己分析しています。これは与信があるエリートサラリーマンに適した手法、スタンダードコースやね。ビンテージクラブで活動する人はＤＩＹが好きなド根性コースの人も多いけど、自分でやることが必須という決まりはないので、自分に合ったスタイルで不動産投資に取り組んでほしいです。

FILE.6

「融資は断られてからがスタート」エリート営業マンの投資哲学とは

脇太さん

43歳、愛知県名古屋市在住。不動産投資の融資をすべての銀行から断られるが、リクルート仕込みの営業スキルで交渉し、4戸の区分マンションのまとめ買いでスタート。契約社員から正社員になり属性を上げたタイミングで融資の扉が開き規模拡大に成功した。

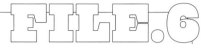

いつかは会社にいられなくなるから

僕は大学に5年通った後に中退して、美容専門学校に3年通いました。そこで知り合った彼女との間に子どもができたので27歳で結婚しました。

当時はメイクの仕事をしてたんですけど「子どもが生まれるのに今の収入じゃヤバいな」と考えて、リクルートの契約社員として働きはじめました。選んだ理由は求人を見てたら給料が高かったからです。

ちなみに中退した大学の学費は親がポンと出してくれました。実家は建設会社を営んでいて、父が3代目で、僕が4代目の跡取りとなる予定でした。しかし、僕の就職後に倒産しています。いろいろしがらみがあって借金の整理にはすごく苦労しました。

入社して一番大きかったのは、「契約期間が3年半」だったことです。契約が終了したら社外に出ないといけません。

そのプレッシャーがあったおかげで、営業マンとして年間MVPを取ることができて、仕事での実績が評価されチームリーダーというプレイングマネージャーの役職に就きました。

これは社内で年間2人の営業マンしか選ばれない役職です。おかげでもう3年間、特別に契約社員の延長ができたのです。

それ以外のみんなは強制的に卒業となります。世間一般で言う「リクルートの人は卒業して、独立する人が多い」というのは契約社員が多く、そうなる仕組みになってるからです。起業して活躍している人が多い印象があるのは、「3年間死ぬ気で頑張っておけば、事業や経営ができるぐらいのベースがつくれる」ってことなんです。超優秀な人は初めから正社員をやっていて独立はしないです。

僕は昇進して、「自分のチームを持って、営業マンを育てながら自分も営業する」という役職に奇跡的にも選ばれて、名古屋から東京に行くことになりました。

たまたま名古屋で成果を残すことができたけど、東京で自分の顧客を全部失って再スタートして、全国の中でトップを走り切る成果が出せるか、ものすごく不安でした。

プレイングマネージャーの次はゼネラルマネージャーという地域の最高責任者になるんですけど、年取っている人を育てるより、若い人を育てたほうが会社的にはメリットがあるわけで、よほどの結果を残さない限り、もう道はないということを理解してましたし、年齢的にも正社員にはなれないと思っていました。

そこで、「強制卒業させられる前に、経済的な基盤をつくらないとマズい」と考えて、いろいろ調べていたら最後、不動産投資に行き着いた流れです。

不動産は「人に裏切られない」ビジネス

いい結果を出して継続してるビジネスには、必ずその業界の中で尊敬される技術や手法があります。ちゃんと一気通貫でずっとそこの領域で頑張ってきて、従業員たちにも認められてる店や会社はやっぱり結果がついてくるのです。

一方で、外部から新規参入すると、雇用で問題が生じるケースが多いです。離職やお金の持ち逃げ、これが結構多いんですね。ここをカバーするために、監視カメラを常に付けたりするのは、働く側も窮屈で環境もよくない。

自分が独立起業したときに「誰かに裏切られた」とか、2番手が育って独立することになり、その人に付いていている従業員も移籍したりするかもしれない。

僕の友達や同期も、うまくいっている人は一握り。途中で頓挫している人も多かったのを肌で感じていました。ビジネスにおいて「人が財産」っていうけれど、人の扱い方は難しいしパワーもいります。

いろいろ調べて不動産投資を選んだ理由は、たくさんのビジネスモデルを見たときに、不動産だけは「人に裏切られることがないビジネスモデル」だと感じたから。

不動産は建物が朽ち果てない限り、経営は安定しそうだし、1棟、2棟、3棟と積み上げていけば最終的に大きなお金になる。

これって店舗経営の、1店舗目、2店舗目、3店舗目と考え方が一緒だから、今までの経験もあるし、集客にも自信がありました。

賃貸不動産の集客というのは空室の入居募集です。飲食店やヘアサロン、エステみたいに、1日何十人、1カ月に何百人も呼ぶ必要はなくて、空いた1部屋に1人だけ呼べばいいから「楽勝だな」と思えました。

それからお金を借りてできるのも魅力に感じました。本に書いてあったんです。「銀行というのはお金を〝貸す〟のがメインの仕事である」って。

一般の人たちが預けて、引き出す「預金業務」は銀行の本来の業務じゃない。だからお金預けたり引き出す場所は1階にあるけど、銀行の本来のお客様は2階の応接室で融資の相談をしてると書いてあって、なるほどなって思いました。

「なぜ自分はダメなのか」を理解する

入社して4年目の2012年に年収500万円、貯金400万円の状態でスタートしました。理屈的には「自分が持っている特性と合うし、ビジネスモデルも優れている」と理解できたけれど、いざ行動すると、自分の属性や資金では全然ダメだと分かりました。関東圏の銀行全部に相談して、1棟物件への融資が断られました。当時「オリックス銀行はサラリーマンに融資を出す」と言われていましたが、そこすら断られました。だけどリクルートの営業は「断られてからがスタート」っていう感じで、「なぜを5回聞け」って入社して1カ月目に教えられるんですよ。

断られたときに「なぜですか」と理由を聞いて、さらに深掘っていくと本質が見えるとい

○○銀行
すべての銀行を回りましたが融資は全滅
秘技「なぜ5回」の術
なぜ？
なんで？
どうして？
なぜゆえ？
ホワイ？
こうして
無事融資を引き出すことができました

う研修があるんですね。「なぜ、僕がダメなのか」を理解しないと、対策が打てないってのが経験則であって、把握するために全部ローラーで回って聞きました。

ルールがあって「教えられない」という回答なら「僕が融資可能になれる方法をご提案していただけないですか」って、相手側からの提案を待つスタンスで、いろんな銀行に「提案してくれ提案してくれ」って言い回って可能性を探りました。

その結果、苦肉の策で「区分マンションだったら融資します」とオリックス銀行が言ってくれたので、区分を４つまとめて買う「バルク買い」をして３６００万円分買いました。

手出しは5万円だけだったので、ほぼオーバーローン（諸費用を含むローン）で借りられました。それで家賃収入から返済を引いても11万円はキャッシュフローが残るので、今から思えばいい時代だったと思います。

融資を受けるために年収を上げる

東京都内の区分マンションを４つ買って、なんとか不動産オーナーになれたけど、気持ちとして「1棟を持ちたかった」というのがありました。やっぱり格好いいなと思ってたし、周りで区分投資をしている人は、収支がマイナスで「節税」してる人ばかり。利益を出していないのも、あまり好きではなかったです。

でもマンションがあれば、月に10万円貯金ができるわけです。給料から月に10万円貯金するのは不可能で、5万円が精一杯だったので「だいぶ楽になるな」という感覚は、すごい強かったです。「これなら1年間で120万円、貯められる！」と希望が持てました。

それで、区分マンションを買って半年を過ぎた頃には、「絶対に1棟を持つぞ！」と決意していました。ただし、アパート融資を受けるには年収700万円必要なので、とにかく自分の給料を上げるために、残業をしまくりインセンティブや表彰も取りまくりました。

それだけやっても年収695万円だったんですけど、いろんな銀行に回った結果、スルガ銀行だけが僕に貸してくれました。

物件は木造にこだわりました。本を読んで「木造アパートは維持コストが低くて手残りが多い」と分かったんですね。大規模なRCマンションは設備や建物が壊れたら1000万円ぐらいお金が飛ぶので、何かあったら破産する恐怖が強かったんです。

木造の場合、大規模修繕でも大体200万円ぐらいでできるらしく、それならサラ金とかでお金借りまくったら、いざというときに対応できます。それでスルガ銀行に相談したら融資が出ました。

買ったのは神奈川県内の築3年の木造アパートです。融資期間27年、金利4・5%で6500万円を貸してくれました。諸費用はスルガ銀行の金利7%のカードローンで借りました。返済比率は70%で、返済後に月10万円がキャッシュフローとして残ります。

僕の中では最初のマンションと合わせて月20万円貯まるからよしとしました。冷静に考えたら、かなり危険な返済比率ですが「ここはリスクを取るしかない!」と割り切りました。

こうやって「不動産をどんどん買い増やして、それで将来飯が食えたら最高だな」と思っていました。給料と別に20万円のお金があるだけでも、転職して給料が下がっても補填できますし、当時契約社員だったんで、家賃収入は本当にありがたく感じました。

その後、最初に買った区分マンションは3年間保有して売却し、2000万円の利益が出ました。

神奈川県のアパートは10年間保有して、家賃収入のキャッシュフローと売却益を合わせて

4000万円ぐらいの利益が出ました。初めての投資にしては大成功だと思います。

こう話すと、書籍に出てくるすごい人たちみたいに「安く買って高く売る、ザ・不動産投資家」みたいですが、基本的に僕は売却をほとんどしていません。

というのもプロと戦って安い物件を買える技術が自分にはないから、コツコツやっていくしかない。「普通の物件でもプラスになる物件を努力して見つけよう」っていう方向でやっていました。

木造アパートは年々、建物の価値が目減りするし、次の買い手が長期の融資を引くのも難しいから高く売れないのがセオリーなので、「売りたくても売れなかった」というのもあります。だから、僕は毎月のキャッシュフローを優先して物件を買っています。

「とにかく借りる」の繰り返し

不動産を買い続けると現金もなくなるし、融資も頭打ちになります。そこで僕は融資が開くタイミングがあれば、そこで一気に買っていくというやり方をしました。

とくに２０１３年からの金融緩和によるマイナス金利がはじまったときには、いろんな銀行が低金利で30年の融資をしてくれるようになったんです。

その当時、１年で４棟買っています。フルローン（物件価格の満額融資）でも自己資金が２００万円ぐらいかかるので、合計８００万円必要な計算ですけど、それもスルガ銀行のカードローンを使って金利７％で１０００万円を借りました。

融資の時流を読んで、チャンスを逃さず、勝負をかけたのがよかったと思います。

どうして、そこまで振り切ることができたのか。１棟目にアパートを買ったときに、神奈川県でお世話になった不動産仲介のおじさんから「融資は水物だから、行けるときに行っときなよ」ってアドバイスをもらっていました。

そのおかげで、スルガ銀行で借りていたローンを後に静岡銀行に借り換えて金利を下げたり、独自で一生懸命、金融機関を開拓して、「その時々で開いている金融機関を見つけて、とにかく借りる」というのを繰り返しながら、大きくしました。

そうこうしてるうちに３年が過ぎて、本業では正社員になれたのです。アパートも順調ですし、元々、自分が抱いていた不安は消えるかと思ったら、そうでもなかったのです。

というのも、正社員なら契約がないから、最悪ずっと飯は食える安心感はありましたが、リクルートの社風って走れなくなった人は降格していくんです。そうなると年下が上司になります。30歳の人の部下に45歳の人がいたり、2年前まで上司だった人が部下になったり。常に走り続けてて、いい結果が出てる人だけにポストや役職が用意される環境です。それから社歴が長くなればなるほど、「できて当たり前」の評価のラインが厳しくなるんです。

だから、僕も走り続けられなくなったときには、自ら役職を下りて去ろうと思ってたんですよ。そのぐらい気合い入れて仕事もしてたので。だから不動産投資で成果を出すことができても、不安は完全に消えませんでした。

とはいえ、もうそのときには不動産で月のキャッシュフローは100万円を超えていたのです。

はじめは月のキャッシュフロー100万円で辞めようと思ってたし、実際100万円いったとき会社に「辞めます」って言ったんですけど、実際独立しようと考えると100万円って心もとないんですよね。修繕費がかかれば、すぐ20万円ぐらいマイナスになります。

それともうひとつ、月100万円の状態まで不動産を拡大してる間に、不動産が大好きになってて、とにかく不動産が欲しいんですよ。気持ちとしては。

別に今すぐ辞めようと思えば辞められるけど、もうちょっと増やそうと思って目標を２００万円にしました。それで、キャッシュフロー２００万円を達成したところで会社を辞めました。それが2年前の２０２２年です。結局10年かかっています。

理想のＦＩＲＥまで、あと2割

月に２００万円もあれば１００万円で生活して、もう１００万円で貯金できる。シンプルに収入と支出の計算をして「それだけあれば十分だろう」と思ってＦＩＲＥしました。

でも今はお金が足りません。サラリーマンのときは、平日は仕事して土日にお金使うのがメインだったんですけど、ＦＩＲＥしたら月曜日から日曜日までお金使えちゃうんですよ、働いてないから。そうなると２００万円でも足りないんだと1年目で気づきました。

それと自由に暮らせている人の感覚が知りたくて、1年間ずっと、ＦＩＲＥしてる専業大家さんたちと一緒に遊んでみたんですね。毎週のように日本全国に呼ばれて「日本が遊び場」

FIRE後は
悠々自適の生活ですが
どれだけ稼いでも
地球は遊び場
上には上がいます
まけた……
まだまだ不動産ふやすぞ!
だからお金が
たりません
……

みたいな感覚でいたら2000万円なんてすぐなくなっちゃう。

さらに言えば、周りのFIREしてる大家さんは「日本が遊び場」じゃなくて「地球が遊び場」なんですよね。だから「ドイツ行こうよ」「ラスベガス行こうよ」とか、月2回ぐらい誘われるんですよ。しかもみんな飛行機はビジネスで行くしホテル代も高い。地球を遊び場にすると月に600万円ぐらいなくなるんですよね。僕がそれをやったら不動産が買えなくなってしまう。

本とかには「真のお金持ちは質素だ」とか「高いものは身に着けない」とか書いてあるけど、もう全然そんなことはなかったです。ラフな格好していてもアクセサリーは全部金です。換金できるから。ロレックスもたくさん持ってます。

僕も500万～600万円の車だったら買う気になりますけど、みんなが持ってる3000万円や4000万円の車を当たり前にポンポン買う感覚はまだきつい。ローン組んだら買えなくはないけど、まだ僕の器では居心地が悪いんですよ。

高級車を買えば節税メリットもあるし、資産になって売却してもプラスになると頭で分かっても心が進まないんですよ。キャパがないから。その金を車にぶち込むぐらいだったら、

「物件買って収入を増やしたほうがメリットあるな」って考えるから。

とにかく、お金持ちはこんな感じなんだっていう感覚を知ったときに、「もっと頑張らなきゃいけない！」っていう思いが芽生えて、専業大家になっても不動産を買って拡大するのを2年間頑張っています。

現在の保有は、21棟193室（累計22棟205室）で月のキャッシュフローは422万円です。

そもそも「サラリーマンを辞めて、働かずにお金も時間の自由もあって、のうのうと暮らせる世界観って素敵やん」が不動産のきっかけなんで。不動産投資を伸ばしていって、その「素敵やん」にほぼ8割は近づけてるんですよ。

だから、今はあとちょっと、家族に対して手を差し伸べてあげられる余裕や、自分の趣味や遊びにもう一段潤いを足せたらいいなと、「あと2割を埋めるため、行動を続けている」って感覚です。

【小嶌解説】

脇さんは大学を中退したので社会人デビューが遅く、学歴も良かったわけではない状態で契約社員からスタートしています。３年で契約終了になるプレッシャーの中、営業で結果を残して最終的に正社員になり不動産投資の可能性を広げています。

自分の属性では融資が厳しいと分かったら、めちゃくちゃ残業して年収７００万円を目指すのは、まさにド根性です。

すべての銀行から融資を断られたら、そこで普通の人は諦めたり、路線を現金買いに変更したかもしれません。だけど脇さんはリクルートで培ったノウハウで担当者と交渉して、融資を取り付けているんですね。

１回断られても諦めないのは、好きな人に告白して「ごめん」って言われたときに、「なんで？」って聞かへん男か、聞く男かぐらい大きな違いがあると思いました。

自分が男としてどこまで通用するかっていうのを、確かめてみたい感覚と似てるんじゃないでしょうか。

さらに銀行融資が開いたときに、一気に勝負に出ることができたのは、日頃から準備をきちんとしていたからと言えます。融資の潮流を見極めて、決断出来たのがホンマに素晴らしいです。本業で培ったノウハウをフル活用して不動産投資に役立てた成功事例やと思います。

おわりに

[redacted]

自分の時間で、好きなことをする

みなさん、好きなことを仕事にしませんか？

学生さんの就職活動で人気は、車のメーカーと食品メーカーと電力会社と……。「えっ、全部好きなの？」と耳を疑います。ちょっと、やりたいことが分からない。あれは普通科の考えでしょ？　僕ら専門なんですよ。

テレビ局なんて年収何千万円ももらってる人たちがいます。どれだけごついプロなのかと思えば、数年ごとに部署交代でくるくる回されるんです。つまりプロフェッショナルがいないんです。プロフェッショナルは下請けで、テレビ局は支配してるだけなんです。

僕はデザイナーやったけど、広告代理店やクライアント企業の支配下におかれ、自分の時間も意思も奪われ続けていました。「いつまでOK出せへんねん、これ！」「なんやねん、これ！」「なんて弱い立場や、このプロダクションっていうのは！」「やってられるか、こんな！」「だけど商業やから、こんなもんやな……」って思って、修正があっても、長時間拘束があっても、その労働に対して対価が得られるのなら、分からんでもないけど、何もない。とくに僕が嫌やったのは、その立ち位置です。

パターンがいろいろあると思います。会社辞めても大丈夫なところまで収入がいければそれで当然いいだろうし、それこそ10万円くらいの月収が上がるだけでもだいぶん気楽です。仕事の手を抜けるんだと思うんです。「別にここ評価されなくても、まあいっか」みたいな。逆に気が抜けて成績が上がった人もいます。上司に対しても生意気になってくる。言いたいこと口に出したら、その上司の上の人に認められたり。

もっと言えば、社内での地位を上げて、5万円、10万円の給料を上げるため、しゃかりきになって働かなきゃいけないのなら、不動産で10万円上げればいい。すると会社で頑張る必要もなくなり楽になる。収入の柱が複数あると、やっぱり心が落ち着いて余裕が出ます。

別の収入があれば、会社で働いてるのとは別個の全く違う仕組みでお金が生み出されていくし、借金が減っていくのは圧倒的にありがたい。こんな素晴らしい話はありません。

家賃ほど定期的な収入もないくらい、毎月きちんと入ってきます。1回もらうと、みんな「すごくいいな!」って思います。ド根性もスタンダードの人も同じです。

うちの嫁は、美容系の起業塾に大金払って、しょっちゅうオンライン会議して一生懸命に勉強してるけど、数万円しか利益が出えへんのに動きまくってるんです。

けど、僕が「これ買いや」と教えた借地の借家、80万円で買った物件やけど、ずっと毎月5万5000円を稼いでくれるんです。もう3回も物件価格を回収してるんです。だから僕は嫁に「それに比べて労働って大変やろ?」って言うんです。

すると嫁が「不動産がいいのは分かってる。けど、私、楽しいって思われへんから。不動産は、あんたがやったらええやんか!」って。そりゃそうやな。続けて「だから私は私で、稼がれへんでも楽しいからやる。あんた不動産ちゃんとやっとってよ」と言うので、僕は「分かった」と返事しました。

適材適所。嫁さんにはそれが楽しいってことですけれど、「借家から入る5万5000円がなかったら、それできるか?」って言ったらできへん。

不動産が稼いだお金を、嫁は今その活動費に使ってるんです。

それが道楽ですよ。それが成功です。主婦が自分の使えるお金を手にして、自分が好きな事業ができるわけですから。

美容サロンをはじめて、「ついでに自分もキレイに！」っていう、この趣味と実益で開店したら、「わたし、年取ってもずっとやろうかな」っていう、美に対してのサイクルに変わりました。

それも家賃収入があるからできることです。家賃がなければ活動費を捻出せなあかん。あと売上を気にせなあかんから。けど、損してても毎月5万5000円は絶対に入るから補えてるんです。それは一種の理想です。

小っちゃな成功。何もない丸腰で事業してたら目も当てられません。稼ぐために時間を使わなあかんから、人のために、お金のために時間を使わなあかんでしょ。けど、自分の時間を満喫してたら、それが成功ちゃいます？

だから究極の成功はラスタマンだと思っています。ラスタマンって仕事してへんやつらなんです。ジャマイカで大麻を吸うて、ずっとボーッとしてるようなレゲエのやつらです。そう思ったら、西成の住人もむちゃくちゃ怒鳴り倒して何かやってるから、この人たちが一番成功に近いなって思います。

僕は、その一番近い成功者から家賃をいただいて食べさせてもらってるんです。だから僕はラスタマンの次ですね。だって僕も洗脳が抜けてないから、何にもしてないと不安で稼いでるけど、本当はもう僕、十分なはずなんです。

せやのに毎月、必要以上にお金を使ったりワイワイやってる。それが楽しいのと、不安をかき消せると思ってるんです。けど、洗脳から抜けてない。

これは物欲との戦いで、本当は十分足りてるのに、みんな欲しがってばかり。「足りてない！　足りてない！」と喚いて、ずっと物件を買い続ける。それがラットレースなんです。僕がこの本で伝えたいことや、人に話してることは、自分への戒めでもあるんです。

たまには高級ホテルのスイートルームに泊まります。ポイントやからお金は使ってないけど、宿泊費を見たら30万円の部屋に泊まれてるときがあるんです。そんなときは絶対、吉牛をかっ込みます。僕が「美味い！」と感動するのはこっち。

それこそすごい贅沢もできるけど、やっぱり吉牛です。僕は振れ幅、緩急が好き。辛いもん食べたあと、めっちゃ甘いのいきたいんです。

本書購入者限定
特典付LINE講座のご案内

本書を読んで実際に「FIREしたい！」「著者の小嶌や本書に登場した人の話をもっと聞きたい！」と思ってくれた方のために、本書では詳しく書けなかった小嶌流の不動産ノウハウや、不動産投資の用語解説といった基本基礎をお伝えする“特別LINE講座”を特典とともにプレゼントします！

特典1 小嶌大介の書籍『元手50万円を月収50万円に変える不動産投資法』のディレクターズカット版を無料でプレゼント！

特典2 小嶌流不動産投資ノウハウをお伝えする特別LINE講座をプレゼント！

本書を読んで不動産へのやる気をつくることができたら次は具体的な不動産のやり方を知りたいですよね。その具体的なやり方を解説する教科書と講座をLINEでプレゼントします。

特典3 実際におっさんFIREした人がお届けする限定セミナーに特別招待！

実際にFIREした何人もの人が、具体的に新築・中古・区分などの不動産をいくらで買って、利回りはいくらで、どこで融資をつけたのかなどすべて公開し、より詳しく解説していただく特別セミナーにご招待します。直接お会いし話を聞くことであなたのFIREストーリーもよりリアルになりますね！

QRコードを読み取って こじま だいすけ を友達追加！

小嶌大介（こじま・だいすけ）
1975年、大阪生まれ。芸術系大学を卒業後、広告業界で約10年間グラフィックデザイナーとして勤務。2010年脱サラを目指し、手持ち50万円から不動産投資に挑戦。独自の目線と切り口で築古物件をブランディングし次々と高利回り物件に再生、蘇生するリノベデザイナーとして、業界で一目置かれる。所有物件28棟200室、年間満室収入1億円を達成、平均利回り30%。不動産投資団体戦「ビンテージクラブ」主宰。著書に『元手50万円を月収50万円に変える不動産投資法』（ぱる出版）などがある。

○公式サイト　MAGICO WEB（www.magicod.net）
○Instagram　小嶌大介 (@magicogram)
○YouTube　小嶌大介のmagico factory

おっさんFIRE

2024年10月16日　初版第1刷発行

著者　小嶌大介
編集発行人　早川和樹
編集協力　布施ゆき
装丁　伊藤信久
イラスト　山里將樹
発行・発売　株式会社大洋図書
〒101-0065 東京都千代田区西神田3-3-9 大洋ビル
電話：03-3263-2424（代表）
印刷・製本所　株式会社シナノ

ISBN 978-4-8130-7627-8 C0033